Cucina Italiana

Scopri il Gusto Delizioso e Salutare delle Ricette Italiane. Impara le Tecniche ed i Trucchi per Cucinare Il Cibo Tradizionale del Bel Paese.

Benedetta Mele

© Copyright 2021 - Tutti i diritti riservati.

Il contenuto di questo libro non può essere riprodotto, duplicato o trasmesso senza il permesso scritto diretto dell'autore o dell'editore.

In nessun caso sarà ritenuta responsabile alcuna colpa o responsabilità legale nei confronti dell'editore, o dell'autore, per eventuali danni, riparazioni o perdite monetarie dovute alle informazioni contenute in questo libro. O direttamente o indirettamente.

Avviso legale:

Questo libro è protetto da copyright. Questo libro è solo per uso personale. Non è possibile modificare, distribuire, vendere, utilizzare, citare o parafrasare alcuna parte o il contenuto di questo libro senza il consenso dell'autore o dell'editore.

Avviso di esclusione di responsabilità:

Si prega di notare che le informazioni contenute in questo documento sono solo a scopo educativo e di intrattenimento. È stato compiuto ogni sforzo per presentare informazioni accurate, aggiornate, affidabili e complete. Nessuna garanzia di alcun tipo è dichiarata o implicita. I lettori riconoscono che l'autore non si impegna a fornire consulenza legale, finanziaria, medica o professionale. Il contenuto di questo libro è stato derivato da varie fonti. Si prega di consultare un professionista autorizzato prima di tentare qualsiasi tecnica descritta in questo libro.

Leggendo questo documento, il lettore accetta che in nessun caso l'autore è responsabile per eventuali perdite, dirette o indirette, sostenute a seguito dell'uso delle informazioni contenute in questo documento, inclusi, ma non limitati a, errori, omissioni, o imprecisioni.

Indice

INTRODUZIONE 8

CAPITOLO 1 ANTIPASTI E SNACK 14

1. DISCHETTI AL SALAME 14
2. PALLINE DI RICOTTA ALLE ERBE 14
3. TARTINE ALLE NOCI 14
4. ANTIPASTO CON UOVA 15
5. INVOLTINI DI BRESAOLA . 15
6. SPIEDINI DI FORMAGGIO 15
7. PROSCIUTTO E PISELLI 16
8. ACCIUGHE MARINATE 16
9. MEZZE LUNE DI GAMBERETTI 16
10. SEDA-MELA 17
11. INSALATA DELLA ZIA 17
12. ARANCE RIPIENE 18
13. CROSTINI AL FORMAGGIO 18
14. FRITTELLE SALATE 18
15. TOMINI CON SALSA VERDE 19
16. CROSTINI TIROLESI 19
17. PROVOLA FRITTA A DISCHI 20
18. CROSTA IN FORNO 20
19. LE GUSTOSE TARTINE DELLA ZIA 21
20. PANE CALDO CON PROVOLE 21
21. CUCULLI GENOVESI 22
22. MOZZARELLA IN CARROZZA 22
23. TRAMEZZINI GOLOSI 23
24. SFORMATINI DI FONTINA 23
25. SPIEDINI DI COZZE E ACCIUGHE 24
26. SPIEDINI DI FORMAGGIO CON ANANAS 24
27. TOMINI VERDI 24
28. SEDANO AL GORGONZOLA 25
29. POLPETTE DI RISO E LIMONE 25
30. FAGOTTINO DI SALSICCIA E GORGONZOLA 26
31. VOL-AU-VENT A FANTASIA 26
32. TRAMEZZINI MAXI 27
33. TARTINE CON SPINACCIUGHE 27
34. DISEGNI APPETITOSI 27
35. INVOLTINI CON ASPARAGI 28
36. POMODORI CON SORPRESA 28
37. FIORI DI ZUCCA IMPANATI 29
38. FETTINE DI PERA MASCHERATA 29
39. INVOLTINI DI ZUCCHINE . 30
40. UOVA SODE AL VERDE 30

CAPITOLO 2 PRIMI PIATTI . 32

41. PENNE RICOTTA E MELANZANE 32
42. TROFIE GENOVESI 32
43. SPAGHETTI ALLA CARBONARA 33
44. RISO E RADICCHIO 34
45. PIZZOCCHERI DELLA VALTELLINA 34
46. CONCHIGLIE ALLA MATRICIANA 35
47. MACCHERONI CON CAVOLFIORE 35

48. SPAGHETTI CON SUGO DI POLPO 36
49. PENNE CON POLPA DI GRANCHIO E PANNA 36
50. MEZZE PENNE ALLA VODKA 36
51. RISOTTO AI FRUTTI DI MARE 37
52. TAGLIERINI AL SALMONE 39
53. PENNE DEL BOSCAIOLO ... 39
54. RISOTTO AL FIORE DI ZUCCA 40
55. SPAGHETTI ESTIVI 41
56. GNOCCHI CON SALSA DI ASPARAGI 41
57. FUSILLI AL TONNO 42
58. RISOTTO ALLO SPUMANTE 42
59. ZUCCA IN PASTA 43
60. PANSOTI CON SALSA DI NOCI 43
61. TAGLIERINI AL NASELLO . 44
62. FARFALLE COLORATE 45
63. PAPPA AL POMODORO 45
64. TORTELLINI CON PANNA E OLIVE 46
65. GNOCCHETTI SARDI AI FORMAGGI 46
66. RISOTTO E SALSICCIA 46
67. RISOTTO CON FEGATINI DI POLLO 47
68. RISOTTO DI VIENNA 47
69. SPAGHETTI AL POMODORO SECCO 48
70. PENNE GOLOSE 48
71. RISOTTO CON CREMA DI LENTICCHIE 49
72. SPAGHETTI ARRABBIATI ... 49
73. RISOTTO ALLA MILANESE 50
74. PENNE ALLA CREMA DI OLIVE 50
75. ORECCHIETTE CON ASPARAGI 51
76. TAGLIATELLE CON PORRI 51
77. SPAGHETTI SPECIALI 52

78. PAPPARDELLE DI ROMINA 52
79. RISOTTO CON CARCIOFI .. 53
80. SPAGHETTI CON PACHINO E GORGONZOLA 53

CAPITOLO 3 SECONDI DI CARNE 54

81. BISTECCHE E VERDURE ... 54
82. ARROSTO DI MAIALE ALLE ERBE 54
83. INVOLTINI DI PROSCIUTTO IMPANATI 55
84. POLLO ALLA VALDOSTANA 55
85. FILETTO DI CONIGLIO AI FERRI 56
86. LINGUA "CHE BUONA" 56
87. INVOLTINI DI CARCIOFI ... 56
88. BRACIOLE DI MAIALE CON FUNGHI E PANNA 57
89. ROTONDINO DI MANZO AFFOGATO 57
90. SPEZZATINO CON MELE .. 58
91. VITELLO GUSTOSO 58
92. FILETTO DI MANZO CON PAPRICA 59
93. FEGATO GUSTOSO 59
94. CONIGLIO CON OLIVE 59
95. MANZO ALLA SENAPE 60
96. COSTINE DI MAIALE E VERZE 61
97. PETTO DI POLLO CON PISELLI E PROSCIUTTO 61
98. FARAONA UBRIACA 62
99. CARNE IN PIROFILA CON GORGONZOLA 62
100. ARROSTO SAPORITO ... 63
101. HAMBURGER DI CARNE TRITATA 63
102. FILETTO CON PEPE VERDE 64
103. ROTOLO DI CARNE 64
104. COTOLETTE ALLA VALDOSTANA 65

105.	PIZZAIOLA GUSTOSA.. 66	133.	ORATA AI FERRI............ 80
106.	COSCE DI POLLO ALLA CACCIATORA..................... 66	134.	TOTANI RIPIENI............ 81
107.	OSSIBUCHI A MODO MIO 67	135.	CACIUCCO ALL' ITALIANA 81
108.	TACCHINO FESTOSO CON PEPERONI E PATATE......... 67	136.	NASELLO CON LATTE . 82
109.	POLPETTINE AVANZATE 68	137.	SGOMBRO CON MIRTO 82
110.	INVOLTINI CON FORMAGGIO E ZUCCHINE 69	138.	POLPI GUSTOSISSIMI ... 83
111.	INSALATA DI POLLO ORIENTALE...................... 69	139.	GAMBERONI GRIGLIATI 83
112.	FESA DI TACCHINO CON PISELLI 70	140.	ORATA AL LIMONE...... 84
113.	ARROSTO CON SENAPE 70	141.	COZZE GRATINATE..... 84
114.	CARNE DELLA ROMAGNA 71	142.	SOGLIOLA AL VINO BIANCO................ 84
115.	SCALOPPINE DI MODENA 71	143.	BACCALÀ VENETO....... 85
116.	LINGUA AL MARSALA . 71	144.	SOGLIOLA DORATA AL CURRY.................................. 85
117.	ARROSTO DI COTECHINO 72	145.	BRANZINO AL FORNO. 86
118.	BRASATO DI MANZO... 72	146.	SGOMBRO COLORATO 86
119.	CARNE SEMPLICE 73	147.	PANNA E COZZE.......... 87
120.	FEGATO E PISELLI....... 74	148.	TONNO INCAPPERATO 87
		149.	PESCE E VERDURE....... 87

CAPITOLO 4 SECONDI DI PESCE 75

		150.	MERLUZZO ALLE ERBETTE 88
121.	MOSCARDINI TENACI. 75	151.	INVOLTINI DI PESCE ... 88
122.	INSALATA DI MOSCARDINI 75	152.	GAMBERETTI E ZAFFERANO 89
123.	PALOMBO INFILZATO. 75	153.	FAGIOLI E CALAMARI.. 90
124.	TROTA AL SALE............ 76	154.	INSALATA DI MARE 90
125.	SOGLIOLE RIPIENE 76	155.	SPIEDINI DI PESCE....... 91
126.	TROTA ALLA BRACE.... 77	156.	RICOTTA E SARDE........ 91
127.	SALMONE IN UMIDO... 78	157.	TONNO ALLA LIGURE . 92
128.	SEPPIOLINE UBRIACHE 78	158.	GAMBERONI AL RADICCHIO 92
129.	MERLUZZO DI ZIO SANTUZZO E YOGURT 78	159.	SALMONE D'ALASKA... 93
130.	SEPPIE E CARCIOFI...... 79	160.	SOGLIOLA ALLE MANDORLE 93
131.	CALAMARI IN UMIDO.. 79		
132.	BACCALÀ E LATTE....... 80		

CAPITOLO 5 CONTORNI E PIATTI DI VERDURE............. 95

161.	FAGIOLINI AL PROFUMO DI BASILICO 95
162.	ASPARAGI SEMPLICI E GUSTOSI 95

163. Arance in Insalata 96
164. Gratinata di Verdure 96
165. Peperoni ai Mille Sapori 96
166. Finocchi al Profumo di Salvia 97
167. Gratinata di Porri 97
168. Cavolfiore Goloso 98
169. Barbabietole Festose 98
170. Cavolo con Pancetta 99
171. Piselli alla Cannella 99
172. Asparagi in Crema 100
173. Patate con Ripieno ai Funghi..................... 100
174. Patate ai Formaggi 101
175. Insalata di Fagioli 101
176. Carote alla Panna 102
177. Salsiccia e Patate. 102
178. Insalata dell'ultimo Minuto.................... 103
179. Verdure alla Griglia 103
180. Peperoni Arrostiti 104
181. Funghi in Umido.... 104
182. Padellata di Melanzane................. 104
183. Finocchi al Latte. 105
184. Peperonata con Patate 105
185. Radicchio con Formaggio 106
186. Mix di Verdure in Pentola 106
187. Cipolle al Sapore di Marsala 107
188. Zucca in Teglia...... 107
189. Padellata di Spinaci 108
190. Frittura di Verdura 108
191. Lenticchie al Parmigiano................. 109
192. Olive al Sapore di Menta 109
193. Fagiolata in Insalata 110
194. Zucchine Impanate 110
195. Purè di Patate Casalingo 111
196. Patate al Forno.... 111
197. Carciofi e Patate al Forno 112
198. Peperoni Friggitelli in Padella 112
199. Fave in Padella 113
200. Polpettone di Fagiolini e Patate 113

CAPITOLO 6 DOLCI DELIZIOSI 115

201. Gnocchi Dolci Fritti 115
202. Mousse di Fragole con Yogurt 115
203. Crema Chantilly con Caffè 116
204. Limone Raffreddato 116
205. Biscottini al Cocco 117
206. Ciambellone della Nonna 117
207. Torta al Limone.... 118

208.	Rotolone di Nutella	119
209.	Quadri al Cacao	119
210.	Plumcake con Noci e Caffè	120
211.	Pesche Ubriache	121
212.	Torta Menta Cocco e Nutella	121
213.	Semifreddo con Fichi	122
214.	Monte Bianco di Castagne	122
215.	Tiramisù Sbagliato	123
216.	Nocciola in Coppa	123
217.	Cannoli Siciliani	124
218.	Torta Speciale alle Mele	124
219.	Gelato di Caffè	125
220.	Torta Sbrisolona	126
221.	Torta al Cioccolato	126
222.	Castagnaccio	127
223.	Crema Pasticcera	128
224.	Palline alle Noci	128
225.	Tiramisù	128
226.	Brutti ma Buoni	129
227.	Torta alle Noci	130
228.	Amaretti Morbidi	130
229.	Pasta Frolla	131
230.	Marrons Glacés in Coppa	132
231.	Bavarese alla Frutta	132
232.	Tortellini Dolci con Ricotta e Uvetta	133
233.	Coppe di Mela e Yogurt	133
234.	Coppette di Savoiardi Affogati	134
235.	Biscotti Anicini	135
236.	Crema all'Arancia	135
237.	Cheesecake ai Frutti di Bosco	136
238.	Torta Paradiso	137
239.	Budino al Cioccolato	137
240.	Salame di Cioccolato	138

CONCLUSIONE 139

RECENSISCI QUESTO LIBRO 141

REFERENZE .... ERRORE. IL SEGNALIBRO NON È DEFINITO.

Introduzione

La cucina italiana è solitamente veloce e semplice, con grande attenzione alla qualità e alla freschezza degli ingredienti. Si usano metodi di cottura comuni come bollire, cuocere a vapore, saltare, brasare, friggere, stufare e grigliare.

La brasatura della carne si ottiene cuocendo lentamente e con il coperchio, aggiungendo aceto, vino, acqua, brodo o pomodori.

Nel soffritto, gli ingredienti vengono cotti in olio caldo, e i sapori risultano esaltati dalla riduzione e dalla caramellizzazione. Per friggere si usano olio di semi o altri oli da cucina, non l'olio d'oliva.

La pasta viene resa più saporita facendole assorbire il sapore del sugo. A questo scopo è necessario scolare la pasta un minuto prima che sia pronta e cuocerla nel sugo con un po' della sua acqua di cottura per un minuto o due. Gli italiani preferiscono la pasta al dente, o almeno non stracotta, quindi tendono a cuocere la pasta per un tempo più breve di quello indicato sulla confezione.

Ecco gli ingredienti della cucina italiana:

Si dice che l'olio d'oliva, l'aglio e le erbe siano gli ingredienti di base della cucina italiana. Questi, insieme agli ingredienti che andremo a elencare a breve, vi aiuteranno a iniziare il vostro viaggio nella cucina italiana.

Aceto balsamico: Un aceto agrodolce italiano ottenuto dal succo ridotto e invecchiato dell'uva Trebbiano. Viene usato per marinature, salse e condimenti per insalate.

Basilico, preferibilmente fresco: Il basilico è diventato noto come l'erba aromatica tipica dell'italianità. É comunemente usato per sughi, insalate e zuppe. Legumi: Sono comuni nelle zuppe, nella pasta e negli stufati. I fagioli più popolari sono i cannellini (fagioli bianchi), le fave e i ceci.

Formaggi I formaggi italiani sono molto vari, dato che quasi ogni regione d'Italia ha la sua specialità. Il formaggio è usato per la pasta, i panini, la pizza e i dolci. Formaggi noti sono l'Asiago, la Fontina, il gorgonzola, il mascarpone, la mozzarella e il Parmigiano-Reggiano.

Aglio: Gli italiani usano molto aglio per zuppe, stufati, sughi e per la carne alla griglia. Erbe aromatiche: Origano, salvia e timo sono spesso usati per aggiungere sapore ai piatti.

Pasta: Si dice che i sughi delicati vadano meglio con la pasta piatta, mentre la pasta tubolare va bene con i sughi più decisi. I formati di pasta più conosciuti sono gli spaghetti, le lasagne, i maccheroni, le fettuccine, i fusilli, le linguine, le penne, i cannelloni e i rigatoni.

Olio d'oliva: Si tratta di un ingrediente fondamentale dei piatti italiani. Gli oli delle varie regioni hanno sapori leggermente diversi. Quello extravergine, di prima spremitura e quello spremuto a freddo sono considerati le tipologie più di alta qualità.

Riso: L'Arborio o il Carnaroli sono le qualità preferite perché hanno una consistenza cremosa quando sono cotti, l'ideale nella preparazione dei risotti.

Pomodoro: I piatti italo-americani fanno più uso di pomodoro in scatola, salsa di pomodoro e concentrato di pomodoro, poiché questi erano gli ingredienti che gli immigrati italiani trovavano più convenientemente disponibili in passato, mentre gli stessi piatti in Italia avrebbero richiesto pomodoro fresco.

Vino: I vini rossi e bianchi sono usati per esaltare il sapore dei piatti. Il Marsala è un vino dolce impiegato per piatti come il pollo al Marsala. Può essere sostituito con Brandy, Sherry o Porto.

Le ricette italiane sono nate e evolute in centinaia di anni di pratica della cucina regionale dalla fattoria alla tavola. I pomodori entrarono in Italia nel XVIII secolo con la scoperta del Nuovo Mondo.

La prima cucina italiana era altamente regionale, ma successivamente ricette come quelle incluse in questo libro sono diventate dei "classici" italiani. Le loro origini, tuttavia, erano legate a una regione d'Italia molto specifica.

Quando parliamo di cucina italiana, parliamo di più di 20 cucine. Fino a 150 anni fa, l'Italia era divisa. C'erano 27 regioni diverse, ognuna con i propri costumi, tradizioni, dialetti, cucina e ingredienti preferiti. Ancora oggi, è abbastanza difficile definire i piatti che sono rilevanti per tutto il paese. La Toscana è diventata famosa per il suo ottimo pane, mentre Napoli è il luogo di nascita della pizza con il pomodoro. C'è una credenza comune che Marco Polo abbia portato la pasta in Italia, ma non ci sono prove concrete. Inoltre, le persone in alcune regioni come la Lombardia non mangiavano quasi mai pasta e usavano invece la polenta.

Un tipico pasto italiano inizia sempre con degli antipasti - selezione di stuzzichini (carne, formaggio, olive, verdure), serviti con una bevanda alcolica. Segue un primo piatto, che potrebbe consistere in una porzione di pasta, zuppa, risotto o gnocchi. Il secondo piatto è tipicamente a base di carne o pesce (pollame, pesce, vitello, manzo o agnello). Tuttavia, non è sempre la parte più importante del pasto, dipende dalle abitudini regionali. Troviamo poi formaggi locali e frutta, e infine un dolce seguito da espresso e digestivo.

Tutti i pasti sono abbastanza variabili come composizione e varietà e aperti a esperimenti con l'aggiunta di ingredienti particolari o di spezie e verdure nuove.

La cucina italiana è la più genuina che si possa trovare, perché nonostante il passare dei secoli, ha mantenuto la sua semplicità, l'uso di materie prime di qualità, i piatti locali e le specialità sane e gustose della terra.

Nell'antica arte culinaria, la raccolta delle migliori ricette fu attribuita a Celio Apicio, oracolo dei cuochi della Roma imperiale, che si dice abbia sperperato il suo patrimonio nei piaceri della tavola, avvelenandosi per paura di morire di fame. Il suo fu il primo libro di cucina scritto in Italia. Passata l'epoca della Roma imperiale, irruppero i mongoli, gli scandinavi, i mangiatori di carne cruda. Nel Medioevo, la gente affamata dalle guerre era abituata a mangiare miglio o erbe selvatiche dei campi abbandonati, e così, mentre ci si avviava verso la civiltà feudale, rinacque il piacere del banchetto, inaugurando una nuova era.

Nel XIV secolo si continuò a banchettare, ma si cominciarono a vedere sui tavoli ricche tovaglie e stoviglie d'oro e d'argento in occasioni speciali. I commensali mangiavano ancora in due o tre dallo stesso piatto, le forchette non esistevano e c'erano solo coltelli e cucchiai. Si banchettava con carni arrosto o pesce, e alla fine del pasto si mangiava frutta o qualche frittella con miele o aromatizzata con spezie. A quei tempi, la ricchezza di una persona veniva giudicata dal cibo che veniva servito in tavola. Per questo a volte si esagerava e gli arrosti venivano ornati con decorazioni dorate. Su questi piatti eccentrici si usavano varie salse a base di aglio, cipolla, miele e spezie. A quel tempo non c'era caffè o tè, né cioccolato o liquori, quindi questi "eccitanti" venivano sostituiti dalle spezie, come la cannella, i chiodi di garofano, lo zenzero. Le spezie si trovavano in molte preparazioni salate e dolci, e se ne aggiungevano anche al vino.

Arrivando al XV secolo, si assistette a una mutazione nell'arte culinaria, che evolvette migliorandosi. Si iniziò a scoprire una cucina più leggera e a dare un ordine nel servire i piatti. È in questo secolo che nacque l'arte della pasticceria. Infatti, alla fine del pasto i cuochi iniziarono a offrire dei veri e propri dolci che rappresentavano soggetti mitologici. Il XV secolo fu anche l'epoca dell'Umanesimo e delle arti classiche e finalmente comparve la forchetta.

Nel Cinquecento la cucina italiana raggiunse il suo apice; re e principi stranieri arrivano in Italia per cercare cuochi capaci di rallegrare i loro pasti e banchetti. La cucina italiana si arricchì di tutte le raffinatezze che oggi sono un patrimonio nell'arte culinaria moderna, come la frutta, le verdure cotte nell'olio o nel burro, gli antipasti gustosi. Nel XVI secolo i cuochi erano anche scrittori di libri di cucina, dove descrivevano pure questi sontuosi banchetti preparati per Papi, re, e personaggi illustri: si raccontava come le sale venivano decorate, arricchendole con vasellame d'argento e tovaglie damascate. I commensali onoravano tanta abbondanza riempiendosi le tasche alla fine del pasto con dolci, pasticcini e tutto ciò che potevano trovare.

Nel XVII secolo la cucina italiana non fece progressi, anche se ci furono diverse pubblicazioni. Infatti, alcune preparazioni subirono delle rielaborazioni, con l'aggiunta di nuovi ingredienti e perfezionando tutto ciò che era stato creato nel '400 e '500. È in questo periodo che si diffondono il caffè, il cioccolato e il tè, nuove fonti di gioia per i palati. Il primo locale pubblico nacque a Venezia nel 1683 ed era chiamato "Bottega del caffè" poiché vi si vendeva la nota bevanda. È anche il periodo delle prime pasticcerie, locali di lusso di origine francese. I pasticceri italiani erano famosi in Europa per le loro preparazioni regionali come i cannoli siciliani, il torrone di Cremona o i buccellati di Lucca. Il gelato, nato in Toscana nel 500, trovò la sua perfezione in Sicilia, e i pasticceri siciliani che emigravano nelle capitali europee esportavano le loro creazioni, conservandone i segreti. Proprio nel 1630 nacque la prima gelateria parigina. Gestito da Procopio Coltelli, il "Cafè Procope", per circa due secoli fu il ritrovo di scrittori famosi come Voltaire e Balzac. È allora che la cucina francese trionfa con i suoi "Potages" e con i suoi innumerevoli modi di cucinare i legumi.

Inoltre, questo è il periodo in cui si sente il bisogno di scegliere alimenti che non siano dannosi per la salute. Finirono anche i banchetti sontuosi e volgari: non solo i commensali iniziarono a essere raffinati, ma anche le ceramiche e gli ornamenti per le tavole e la conversazione tra i commensali diventò più interessante ed educata. Così alla fine del secolo, prima, durante e dopo la Rivoluzione francese, vi fu un nuovo fenomeno del gusto.

Gli chef più famosi, invece di aspirare a cucinare al servizio di principi, aprirono loro locali, i "Ristoranti", dove tutti, purché benestanti, potevano permettersi di mangiare cibi raffinati e scegliere i piatti. Anche i banchetti trovarono posto nei ristoranti, per tutti coloro che volevano festeggiare.

Nel XXI secolo la buona alimentazione, una migliore salute generale e un minor rischio di malattie croniche si basavano su un'alimentazione equilibrata, come la dieta Mediterranea, improntata principalmente al consumo di verdure, olio d'oliva e cereali. La cucina italiana è parte integrante della dieta Mediterranea. La cucina italiana mette l'accento sulla leggerezza e su una sana alimentazione, e i piatti italiani sono per lo più a base di derivati del grano come pane e pasta, di formaggio e verdure, con un complemento di pesce o carne.

Pasta

La pasta è molto utilizzata nella cucina italiana, in numerose varietà e per una molteplicità di ragioni.

La pasta fresca fatta in casa è certamente la migliore, e non risulta difficile da fare. Provateci – il risultato sarà sicuramente ottimo. Quando non avete tempo di fare la pasta in casa, optate per la pasta fresca confezionata del vostro droghiere. Si cuoce molto velocemente, e potrete scegliere tra una grande varietà di forme e sapori.

Sughi

L'uso di verdure ed erbe fresche rende il vostro piatto altamente salutare e vi dà l'opportunità di condirlo nel modo che la vostra famiglia preferisce.

Minestre e insalate

Le zuppe italiane possono essere leggere o più decise nel gusto e possono costituire uno dei piatti di un pasto o un buon piatto unico se accompagnate da del pane.

Le zuppe del Nord Italia sono generalmente più leggere di quelle zuppe sostanziose della parte meridionale del paese. Qualunque sia la zuppa che state preparando, iniziate con un brodo fresco, fatto in casa. I brodi di manzo, pollo o pesce richiedono di cuocere a fuoco lento per ore per sviluppare quel delizioso insieme di sapori che non può essere eguagliato dal brodo in scatola.

Un'insalata italiana non è solo una ciotola di lattuga con olio d'oliva e aceto. Ci sono molte, molte verdure che possono essere aggiunte per creare un'insalata piena di sapore.

Pizza

A grandi linee, ci sono due tipologie principali di pizza a seconda del tipo di crosta. L'altra differenza è se la pizza contiene o no pomodoro. La pizza a base di pomodoro è detta pizza rossa, mentre la pizza bianca è la pizza senza pomodoro.

Poi, c'è una terza voce in campo - i calzoni. Si tratta di una pizza che viene piegata per racchiudere il ripieno e cotta al forno. Un calzone può essere riempito con qualsiasi ingrediente, quindi può essere sia rosso che bianco.

Contorni

I contorni italiani sono principalmente preparazioni a base di verdure che seguono le disponibilità stagionali. Usare gli ingredienti più freschi è sempre il motto dello chef italiano, quindi la varietà dei contorni cambierà in base al raccolto.

Una preparazione semplice e un'attenzione ai condimenti rendono i contorni italiani saporiti e appetitosi. Sia le preparazioni tenere e croccanti che quelle morbide come il burro soddisfano qualsiasi palato, e la diversità delle verdure vi farà perlustrare il vostro mercato locale per trovare le vostre preferite di stagione.

Capitolo 1

Antipasti e Snack

1. Dischetti al Salame
Preparazione: 10 minuti
Tempo di cottura: nessuna
Porzioni: 2
Ingredienti:
- ½ tazzina di maionese
- 4 fette di salame
- 4 fette di pane
- 4 olive nere
- burro quanto basta

Indicazioni:
1. Tagliate le fette di pane delle stesse dimensioni del salame.
2. Imburrate le fette di pane ed adagiatevi il salame. Decorate il tutto a vostro piacimento con olive e maionese.

2. Palline di Ricotta alle Erbe
Preparazione: 30 minuti
Tempo di cottura: pochi minuti **Porzioni:** 2
Ingredienti:
- un ciuffo di rosmarino e di prezzemolo
- 2/3 foglie di salvia e di basilico
- sale e pepe
- 10 g di farina
- 1 uovo
- 60 g di parmigiano reggiano
- 200 g di ricotta
- pangrattato quanto basta
- olio per friggere

Indicazioni:
1. Fate un trito di prezzemolo, salvia, basilico e rosmarino.
2. Amalgamare il tutto con ricotta, farina, parmigiano, uova, sale e pepe.
3. Dall'impasto ottenuto formate delle palline.
4. Passatele nel pangrattato e friggetele nell'olio bollente fino a doratura.

3. Tartine alle Noci
Preparazione: 10 minuti
Tempo di cottura: nessuna
Porzioni: 2
Ingredienti:
- 4 fette di pane
- 40 g di burro

- 50 g di noci pulite
- 1 cetriolino sotto aceto
- 40 grammi di prosciutto cotto

Indicazioni:
1. Tostate il pane.
2. Tritate noci, cetriolino, prosciutto
3. Aggiungete il burro amalgamate il tutto e spalmate sul pane

4. Antipasto con Uova
Preparazione: 30 minuti
Tempo di cottura: 10 minuti
Porzioni: 2
Ingredienti:
- un cucchiaino di pasta di acciughe
- 3 uova sode
- 75 g di tonno
- 50 g di maionese
- 4 fette di pane a cassetta

Indicazioni:
1. Tagliate le uova a metà e togliete il tuorlo.
2. Frullate il tonno, la maionese, la pasta di acciughe e tuorli.
3. Amalgamate il tutto e metterlo in una saccapoche con bocchetta ricamata.
4. Riempite gli albumi e decorate il piatto con dei triangoli di pane tostato

5. Involtini di Bresaola
Preparazione: 15 minuti
Tempo di cottura: nessuna
Porzioni: 2
Ingredienti:
- 1 confezione di formaggio caprino
- 50 g di bresaola
- 50 g di rucola

Indicazioni:
1. Tritate la rucola con il caprino.
2. Aprite la fetta di bresaola e ponetevi sopra il composto.
3. Avvolgetela formando un involtino.

6. Spiedini di Formaggio
Preparazione: 15 minuti
Tempo di cottura: 7 minuti
Porzioni: 2
Ingredienti:
- 1 cucchiaio di comino
- 150 g di formaggio misto (tome, gruviera, fontina, emmenthal)

Indicazioni:
1. Tagliate a dadi il formaggio. Arrotolatelo più volte nei semini di comino.
2. Infilzate i dadi di formaggio in uno stecco alternandoli.

3. Fateli cuocere sotto al grill facendo attenzione a non farli sciogliere (girare spesso).

7. Prosciutto e Piselli
Preparazione: 30 minuti
Tempo di cottura: 20 minuti
Porzioni: 4
Ingredienti:
- 40 g di burro
- 4 foglie di salvia o 20 g di salvia tritata
- 1 bicchiere di vino bianco
- 400 g di piselli sgusciati
- 200 g di prosciutto cotto a cubetti o a strisce

Indicazioni:
1. Mettete in una padella: burro, piselli e salvia, cuocere per 5 minuti circa.
2. Aggiungete il vino bianco, coprite la padella con coperchio e fate cuocere a fuoco lento per 10 minuti.
3. Aggiungete prosciutto e continuate a cuocere per altri 5 minuti.

8. Acciughe Marinate
Preparazione: 30 minuti
Tempo di marinatura: 24 ore
Porzioni: 4
Ingredienti:
- 500 g di acciughe
- 4/5 limoni
- origano
- sale e pepe
- olio d' oliva

Indicazioni:
1. Pulite accuratamente le acciughe togliendo la pelle e la spina.
2. Allargatele in un piatto da portata e spremetegli sopra succo di limone (che le cuoce lentamente) coprite con foglio di carta e mettete in frigo per 24 ore
3. Passate le 12 ore è consigliato girare le acciughe in modo che restino bagnate da entrambi le parti.
4. Poi condite le acciughe con sale, pepe, un pizzico di origano ed un filo di olio d'oliva.

9. Mezze Lune di Gamberetti
Preparazione: 50 minuti
Tempo di cottura: 30 minuti
Porzioni: 6
Ingredienti:
- 3 uova sode
- 20 olive verdi snocciolate
- 450 g di pasta sfoglia surgelata
- 4 cucchiai di olio d'oliva
- 240 g di gamberetti sgusciati

- un pizzico di prezzemolo
- sale e pepe

Indicazioni:
1. Prendete i gamberetti, uova sode, olive e tagliuzzate finemente il tutto.
2. Unite il tutto amalgamandolo con olio, sale e pepe ed un pizzico di prezzemolo.
3. Spianate la pasta sfoglia lasciando uno spessore 2/3 millimetri.
4. Fate dei cerchi utilizzando un bicchiere da tavola, mettete un cucchiaio circa in ogni dischetto e richiudetelo a mezza luna. NB: chiudere bene i bordi.
5. Prendete una teglia da forno, ungetela o usate la carta da forno, spennellate le mezze lune con latte.
6. Riscaldate il forno a 200 °C ed infornate per 30 minuti

10. Seda-mela
Preparazione: 20 minuti
Tempo di Riposo: 2 ore
Porzioni: 5
Ingredienti:
- 200 g di sedano
- 3 mele
- 55 g di maionese

Indicazioni:
1. Pulire bene il sedano.
2. Sbucciate le mele togliendo i semini ed il torsolo.
3. Tagliate entrambi alla "julienne" e mettetele in una ciotola.
4. Amalgamate il tutto con maionese, sale e pepe.
5. Lasciate in frigo per 2 ore.

11. Insalata della Zia
Preparazione: 20 minuti
Tempo di cottura: nessuna
Porzioni: 2
Ingredienti:
- 1 gambo di sedano
- 100 g di noci sgusciate
- 150 g di mozzarella
- 40 g di lattuga
- 1 cucchiaio di olio d'oliva
- ½ cucchiaio di senape
- sale

Indicazioni:
1. Tagliate a dadini la mozzarella ed il sedano.
2. Tagliate a pezzi le noci
3. Tagliate la lattuga in modo sottile
4. Mettete il tutto in una insalatiera e mescolate condendo con olio, sale e senape

12. Arance Ripiene
Preparazione: 25 minuti
Tempo di cottura: nessuna
Porzioni: 2
Ingredienti:
- 2 arance
- 1 carota
- 1 sedano
- maionese
- 30 g di yogurt - 1 kiwi

Indicazioni:
1. Tagliate ¼ le arance e svuotatele con un cucchiaino. Togliete la pelle degli spicchi in modo di ottenere la polpa. Tagliate il sedano e la carota alla "julienne". Tagliate a dadini il kiwi.
2. Spezzettate la polpa delle arance ed unirle alla carota, sedano e kiwi. Amalgamate il tutto mescolando con lo yogurt e maionese.
3. Riempite i restanti ¾ di arance con il ripieno appena creato.

13. Crostini al Formaggio
Preparazione: 30 minuti
Tempo di cottura: 15 minuti
Porzioni: 6
Ingredienti:
- 160 g di formaggi grattugiati misti
- 12 fette di pane a cassetta
- a vostra scelta acciughe, olive, pomodoro (decorazione finale)

Indicazioni:
1. Prendete le fette di pane e tagliatele dando la forma che preferite.
2. Spalmate ogni fetta con un po' di burro.
3. Spargetegli sopra il formaggio grattugiato.
4. Mettete in forno a 180 °C per 15 minuti.
5. Decorate la fetta a vostra fantasia.

14. Frittelle Salate
Preparazione: 40 minuti
Tempo di cottura: Frittura frittelle
Porzioni: 4/6
Ingredienti:
- 3 uova
- 50 g di burro
- 10 olive nere
- 3 acciughe salate
- 2 pomodori maturi
- 100 g di farina
- 1/5 di litro di latte innacquato
- olio per frittura
- sale e pepe

Indicazioni:
1. Pelate i pomodori.
2. Tagliuzzate acciughe, olive e pomodori e metteteli in una ciotola.

Preparazione pastella:
a) Portate fino ad ebollizione latte e burro, pizzico di sale.
b) Poi allontanandosi dal fuoco aggiungere la farina e mescolare velocemente e fare raffreddare
c) Quando il preparato si è raffreddato aggiungere lentamente un uovo alla volta mescolare e lasciare qualche minuto, poi il secondo e così via.
3. Aggiungete alla pastella il preparato di olive pomodori ed acciughe mescolando energeticamente.
4. Scaldare olio per la frittura e quando è caldo inserire con il cucchiaio la pastella per friggerla

15. Tomini con Salsa Verde
Preparazione: 20 minuti
Tempo di cottura: nessuna
Porzioni: 4
Ingredienti:
- 8 tomini
- un ciuffo di prezzemolo
- 4 acciughe
- 2 cucchiai di aceto
- 15 g di olio d'oliva

Indicazioni:
1. Tritate il prezzemolo e le acciughe.
2. Mettetele in una ciotola ed aggiungere olio e aceto.
3. Mescolate il tutto e mettete questa salsa sopra ai tomini.

16. Crostini Tirolesi
Preparazione: 25 minuti
Tempo di cottura: 7 minuti per la doratura
Porzioni: 6
Ingredienti:
- 1 bicchiere di birra
- 300 g di fontina
- 2 cucchiai di burro
- 6 fette di pane in cassetta

Indicazioni:
1. Mettete le fette di pane tutte attaccate in una casseruola da forno.
2. Scaldate la birra a fuoco lento.
3. Quando è molto calda aggiungete il burro e mescolate.
4. Allontanandosi dal fuoco aggiungete la fontina a cubetti e mescolate fino ad ottenimento della crema. Versate la crema sulle fette di pane.
5. Mettete in forno a 200 °C fino a doratura

17. Provola Fritta a Dischi
Preparazione: 20 minuti
Tempo di cottura: 3 minuti fino a doratura **Porzioni:** 2
Ingredienti:
- 1 provola
- 1 o 2 uova dipende dalla dimensione
- farina
- pangrattato
- olio per friggere
- sale

Indicazioni:
1. Tagliate a fette un po' spesse la provola.
2. Sbattete le uova.
   Per una buona impanatura eseguire questi semplici passaggi:
   a) Passate la fetta di provola: farina-uovo-pangrattato-uovo-pangrattato.
3. Scaldate olio e quando è molto caldo immergete i dischetti fino a doratura.

18. Crosta in Forno
Preparazione: 30 minuti
Tempo di cottura: 2 passaggi di 10 minuti cada uno
Porzioni: 3
Ingredienti:
- 200 g di prosciutto cotto
- 100 g di fontina
- 6 sottilette - 30 g di burro
- 12 fette di pane a cassetta
- 100 g di parmigiano grattugiato
- besciamella (25 g di burro, 2 ½ cucchiai di farina, ¼ di litro di latte, sale e noce moscata)

Indicazioni:
1. Spalmate un po' di burro sulle fette di pane e mettetele al forno per doratura a 180 °C.
2. Preparate la fontina tagliata a dadini.
3. Adagiate le 6 fette di pane su una pirofila imburrata. Posate su ogni fetta una sottiletta, prosciutto e qualche dadino di fontina. Coprite il tutto con le restanti fette di pane.

Preparazione besciamella
a) Sciogliete il burro in un pentolino, toglietelo dal fuoco ed aggiungere la farina mescolando, aggiungete lentamente il latte senza smettere di mescolare per non formare grumi, aggiungete pizzico di sale ed una spruzzata di noce moscata e riposizionarsi sul fuoco medio per addensare la crema.

4. Aggiungete il parmigiano nella besciamella e mescolate.
5. Versate la besciamella calda sulle fette di pane.
6. Mettete in forno 180 °C per 10 minuti fino a doratura.

19. Le Gustose Tartine Della Zia

Preparazione: 30 minuti
Tempo di cottura: nessuna
Porzioni: 2
Ingredienti:

- 4 fette di pane a cassetta
- 25 g di capperi
- 25 g di acciughe sottolio
- 25 g olive nere snocciolate
- 75 g di tonno in scatola
- 1 cucchiaio di cognac
- 1 cucchiaio di succo di limone
- ½ cucchiaio di senape

Indicazioni:

1. Frullate tutti gli ingredienti fino ad ottenere una crema compatta. Tagliate forme di pane a vostro piacimento (rotondo, triangolo). Tostate il pane.
2. Spalmate la crema sulle fette di pane tostato
3. Guarnite il tutto a vostro piacimento con (fettine di cetriolino, cipolline)

20. Pane Caldo con Provole

Preparazione: 30 minuti
Tempo di cottura: 8 minuti
Porzioni: 3
Ingredienti:

- 2 pomodori
- 6 fette di pane a cassetta
- 6 filetti di acciuga
- 6 provoline di bufala
- 1 ciuffo di prezzemolo
- olio d'oliva

Indicazioni:

1. Togliete i bordi laterali del pane e soffriggerlo con poco olio d'oliva ed adagiarlo su una pirofila.
2. Tritate il prezzemolo.
3. Tagliate a fettine il pomodoro
4. Schiacciate su ogni fettina di pane una provolina.
5. Aggiungete un filetto di acciuga e pomodoro
6. Spolverate con prezzemolo tritato.
7. Mettete in forno 180 °C fino a fusione del formaggio.

21. Cuculli Genovesi

Preparazione: 15 minuti più tempo di riposo
Tempo di cottura: per la frittura 25 minuti circa
Porzioni: 4/6
Ingredienti:

- 180 ml di acqua
- 300 g farina 00 / o farina di ceci (a piacimento)
- 5 g di lievito di birra
- sale
- salvia tritata quanto basta
- olio per friggere

Indicazioni:
   Preparazione pastella:
   a) Mettete l'acqua in un contenitore, aggiungete il lievito sciolto (in acqua calda), versate la farina adagio e continuate a mescolare, quando si sta rassodando aggiungete la salvia tritata. b) Coprite con un canovaccio e lasciate a riposare per 2 ore. (più l'impasto riposa più sono leggere)
1. Scaldate olio ad alta temperatura e poi aiutarsi con il cucchiaio a mettete dosi dell'impasto nell'olio.
2. Quando risalgono e gonfiano con una bella doratura sono pronti da togliere.
3. Adagiate in una pirofila con carta assorbente e salare a piacere.

22. Mozzarella in Carrozza

Preparazione: 25 minuti
Tempo di cottura: 5 minuti quanto basta per sciogliere mozzarella e doratura
Porzioni: 2
Ingredienti:

- 4 fette di pane a cassetta
- 250 g di mozzarella filoncino da pizza
- 2/3 uova dipende dimensione
- farina
- pane grattugiato
- sale
- latte

Indicazioni:
1. Preparate le fette di pane tagliando i bordi.
2. Tagliate la mozzarella a fette ed adagiatela su 2 fette di pane.
3. Ricoprite con le due fette restanti (formando un toast).
4. Sbattete le uova ed aggiungete un goccio di latte (per rendere più liquido).

Per una buona impanatura eseguite questi semplici passaggi:

a) Impanate il toast in tutti i suoi lati: farina-uovo-pangrattato-uovo-pangrattato.
5. Scaldate olio ad alta temperatura friggete il pane fino a che diventi dorato.
6. NB: a piacimento si può aggiungere una acciuga in mezzo alle due fette di pane.

23. Tramezzini Golosi
Preparazione: 30 minuti
Tempo di cottura: 15 minuti
Porzioni: 4
Ingredienti:

- 8 fette di pane a cassetta
- 20 noci
- 40 g di funghi secchi
- besciamella

Indicazioni:

Preparazione besciamella

a) Sciogliete il burro in un pentolino, toglietelo dal fuoco ed aggiungete la farina mescolando, aggiungete lentamente il latte senza smettere di mescolare per non formare grumi, aggiungete pizzico di sale ed una spruzzata di noce moscata e riposizionarsi sul fuoco medio per addensare la crema.

1. Mettete a bagno i funghi per 5 minuti.
2. Strizzate i funghi per asciugarli.
3. Aggiungete i funghi alla besciamella e mescolate.
4. Spalmate la besciamella sul pane e decorate con pezzetti di noce.
5. Mettete in forno a 200 °C fino a doratura.

24. Sformatini di Fontina
Preparazione: 20 minuti.
Tempo di cottura: 50 minuti.
Porzioni: 2
Ingredienti:

- 3 uova - 125 g di fontina
- 20 g di burro
- ½ litro di latte
- 2 cucchiai di panna
- sale e pepe
- burro per gli stampini

Indicazioni:

1. Tagliate in piccolissime parti la fontina e mettetela in una ciotola.
2. Aggiungete le uova, il latte e la panna, mescolate bene per amalgamare il tutto ed aggiungete un pizzico di pepe.

3. Imburrate gli stampini e versate il composto.
4. Cuocere a bagnomaria per 50 minuti nel forno a 140 °C.

25. Spiedini di Cozze e Acciughe
Preparazione: 50 minuti
Tempo di cottura: 10 minuti
Porzioni: 2
Ingredienti:
- pangrattato
- 1 albume
- prezzemolo
- 10 acciughe
- 20 cozze
- sale e pepe
- 2 fettine di pane a cassetta
- una testa d'aglio
- olio per frittura

Indicazioni:
1. Mettete le cozze dentro una pentola sul fuoco, ed agitatela per favorire la loro apertura.
2. Tritate prezzemolo ed aglio.
3. Togliete la testa e la lisca alle acciughe lasciandole aperte.
4. Prendete le fette di pane, togliete i bordi e tagliateli a dadini.
5. Infilate nello stecco in modo alternato cozza, dadino di pane, ed acciuga arrotolata.
6. Sbattete l'albume, aggiungendo il trito di prezzemolo e aglio, sale e pepe quanto basta.
7. Passate gli spiedini nell'albume e poi nel pangrattato lasciandoli riposare per 25 minuti
8. Immergete nell'olio caldo gli spiedini fino a raggiungere la doratura.

26. Spiedini di Formaggio con Ananas
Preparazione: 15 minuti
Tempo di cottura: 5 minuti
Porzioni: 2
Ingredienti:
- 3 fette di ananas fresco
- 140 g di caciotta
- pepe

Indicazioni:
1. Tagliate a cubetti l'ananas ed il formaggio, infilzateli negli stecchini alternando la sequenza, spruzzate un po' di pepe e mettetelo sul grill per 5 minuti a 200 °C

27. Tomini Verdi
Preparazione: 20 minuti
Tempo di cottura: nessuna
Porzioni: 2
Ingredienti:
- 2 tomini
- 1 ciuffetto di prezzemolo

- 2 cucchiai di olio d'oliva
- sale e pepe
- 1 acciuga sott'olio
- un goccio di vino bianco
- una manciata di capperi sotto sale

Indicazioni:
1. Lavate i capperi in modo da togliere il sale ed asciugateli, tritateli assieme al prezzemolo ed alle acciughe, mettete olio e aceto e mescolate il tutto.
2. Mettete i tomini su un piatto conditeli con sale pepe e con la salsina preparata in precedenza.

28. Sedano al Gorgonzola

Preparazione: 20 minuti
Tempo di cottura: nessuna
Porzioni: 2
Ingredienti:
- 4 gambi di sedano
- 100 g di noci
- 200 g di robiola
- 150 g di Gorgonzola

Indicazioni:
1. Sgusciate le noci e schiacciatele, aggiungete la robiola ed il gorgonzola tagliato a pezzettini, schiacciato quasi cremoso.
2. Pulite il gambo di sedano e riempitelo della crema di formaggio e noci

29. Polpette di Riso e Limone

Preparazione: 30 minuti
Tempo di cottura: 20 minuti
Porzioni: 2
Ingredienti:
- 1 spicchio d'aglio
- 1 ciuffo di prezzemolo
- sale e pepe
- 2 cucchiai di olio d'oliva
- 1 limone
- 130 g di riso
- 50 g di parmigiano grattugiato

Indicazioni:
1. Prendete una pentola con abbondante acqua salata e fate lessare il riso al dente circa 20 minuti scolatelo e lasciatelo raffreddare.
2. Tritate prezzemolo ed aglio metteteli in una ciotola insieme a sale, pepe, olio, succo di limone e scorza di limone grattugiata, mescolate creando una salsina.

3. Condite il riso con la salsina, parmigiano grattugiato, mescolate e formate delle deliziose polpettine.

30. Fagottino di Salsiccia e Gorgonzola

Preparazione: 40 minuti
Tempo di cottura: 25 minuti
Porzioni: 2
Ingredienti:

- 200 g di pasta brisée (pronta all'uso)
- 150 di gorgonzola
- 60 di salsiccia
- 60 di groviera
- 10 g di burro
- sale e pepe
- 60 g di prosciutto cotto
- 1 uovo ed 1 albume

Indicazioni:
1. Togliete la pelle alla salsiccia, sbriciolatela e fatela rosolare in una padella. Prendete una ciotola e mettete il gorgonzola, prosciutto tritato, salsiccia, sale, pepe, la groviera tagliata a pezzi e l'uovo e mescolate il tutto.
2. Allargate la pasta, tagliatela a quadretti, mettete al centro il composto e richiudete tipo fagottino e spennellatelo con l'albume sbattuto.
3. Imburrate una teglia, adagiate i fagottini sopra e fate cuocere nel forno per 20 minuti a 170 °C

31. Vol-Au-Vent a Fantasia

Preparazione: 20 minuti
Tempo di cottura: 7 minuti
Porzioni: 2
Ingredienti:

- 1 conf. di vol-au-vent già pronti
- 100 g di prosciutto cotto tagliato spesso
- 100 g di mortadella tagliata spessa
- 1 cucchiaio di panna da cucina - 1 cucchiaio di salsa di pomodoro
- 45 g di parmigiano grattugiato
- giardiniera sott'olio

Indicazioni:
1. Scaldate in una padella la panna e salsa di pomodoro, aggiungete la mortadella e prosciutto tagliata a cubetti e parmigiano, fate cuocere per 7 minuti.
2. Riempite i vol-au-vent con il composto ottenuto e decorate con giardiniera.

32. Tramezzini Maxi

Preparazione: 20 minuti
Tempo di cottura: 10 minuti
Porzioni: 2
Ingredienti:

- 2 uova sode
- pane da tramezzino
- maionese
- 2 pomodori da insalata
- sale - prosciutto cotto
- foglie di insalata

Indicazioni:

1. Sgusciate e tagliate a fettine le uova e pomodori, aprite su un piano il pane, spalmate la maionese e metteteci una foglia di insalata, fettina di prosciutto e pomodoro e pizzico di sale, coprite con l'altro pane, spalmate maionese, fettina di prosciutto, uovo pizzico di sale e richiudete il tutto con la terza fettina di pane.
2. Tagliatelo in diagonale ed avete 2 tramezzini Maxi.

33. Tartine con Spinacciughe

Preparazione: 25 minuti
Tempo di cottura: 15 minuti
Porzioni: 2
Ingredienti:

- 2 acciughe sott'olio
- 5 fette di pancarrè
- 200 g di spinaci
- 20 g di burro
- 45 g di parmigiano grattugiato
- 30 g di panna

Indicazioni:

1. Fate lessare gli spinaci, strizzateli, tritateli insieme alle acciughe e metteteli in una padella con poco burro, fateli cuocere per qualche minuto, poi unite il parmigiano e la panna, continuate la cottura ancora per qualche minuto continuando a mescolare.
2. Togliete la crosta laterale del pane, fate tostare per qualche minuto, spalmate del burro morbido ed aggiungete un pochino di spinacciughe.

34. Disegni Appetitosi

Preparazione: 15 minuti
Tempo di cottura: 20 minuti
Porzioni: 2
Ingredienti:

- 200 g di pasta da pane o pizza
- 80 g di pomodoro pachino
- qualche foglia di basilico
- sale e pepe

- olio extravergine d'oliva q.b.

Indicazioni:
1. Stendete la pasta con mattarello o con le mani unte, mettetela in una teglia da forno ben unta con olio, metteteci sopra il pomodoro tagliato in 4 (distribuitelo bene) aggiungete sale e pepe ed un filo d'olio extravergine e mettete in forno già preriscaldato a 220 °C per 20 minuti.
2. Quando la focaccia è pronta, metteteci qualche fogliolina di basilico ed ancora olio extravergine e tagliate la focaccia come volete.

35. Involtini con Asparagi

Preparazione: 30 minuti
Tempo di cottura: 15 minuti
Porzioni: 2
Ingredienti:
- 6 asparagi
- 6 fette di prosciutto cotto
- 6 fette di provola
- 1/2 uova
- sale e pepe
- pangrattato
- olio per friggere

Indicazioni:
1. Pulite gli asparagi e metteteli in una pentola con acqua, fateli sbollentare mantenendoli abbastanza sodi, poi scolateli e teneteli da parte.
2. Prendete la fetta di prosciutto e adagiatevi sopra la fetta di provola, ora mettete l'asparago, un pizzico di sale e pepe, avvolgete il tutto formando un involtino.
3. Sbattete l'uovo e impanate l'involtino, poi mettete in padella dell'olio per friggere fatelo scaldare e friggete l'involtino.

36. Pomodori con Sorpresa

Preparazione: 20 minuti
Tempo di cottura: 10 minuti
Porzioni: 2
Ingredienti:
- 2/3 pomodori
- 2 uova sode
- 1 scatola grande di tonno
- sale e pepe
- olio d'oliva
- un po' di prezzemolo fresco tritato
- maionese

Indicazioni:
1. Lavate e asciugate il pomodoro, tagliate la parte sopra e scavatelo un pochino all'interno.
2. Sgusciate le uova sode, tagliatele a pezzetti mettetele in un recipiente assieme al pomodoro che avete scavato, tonno, sale e pepe, maionese, un po' di prezzemolo tritato, un filo d'olio, amalgamate il tutto e andate così a riempire i pomodori.

37. Fiori di Zucca Impanati

Preparazione: 35 minuti
Tempo di cottura: 20 minuti
Porzioni: 2
Ingredienti:
- 10 fiori di zucca
- Pangrattato - sale e pepe
- olio per friggere
- 1 uovo

Indicazioni:
1. Prendete i fiori di zucca apriteli, lavateli e asciugateli bene.
2. Sbattete l'uovo, mettete un po' di sale, pepe, impanate i fiori di zucca e fate friggere in padella con olio rendendoli belli dorati.
3. Adagiateli su carta assorbente per evitare che risultino troppo unti e versate sopra un pizzico di sale.

38. Fettine di Pera Mascherata

Preparazione: 20 minuti
Tempo di cottura: nessuna
Porzioni: 2
Ingredienti:
- 1/2 pere abate
- qualche foglia di rucola
- gorgonzola dolce q.b.
- 4 fette di prosciutto crudo
- panna da cucina q.b.

Indicazioni:
1. Lavate la pera tagliatela in due ed eliminate il torsolo.
2. Prendete una ciotola, mettete un po' di panna da cucina assieme con il gorgonzola dolce, amalgamate il tutto ottenendo una salsa cremosa.
3. Prendete le pere e riempitele al suo interno con la salsa preparata, aggiungete sopra qualche foglia di rucola, e avvolgete le pere con la fetta di prosciutto crudo.

39. Involtini di Zucchine

Preparazione: 20 minuti
Tempo di cottura: 10 minuti
Porzioni: 2
Ingredienti:
- 1 scatola di tonno
- 1 zucchina
- formaggio spalmabile q.b.
- sale e pepe
- qualche foglia di basilico fresco tritato

Indicazioni:
1. Lavate e asciugate le zucchine, tagliatele a fette sottili e grigliatele.
2. Prendete il formaggio spalmabile, il tonno, il basilico tritato, sale e pepe mescolate il tutto formando una crema.
3. Prendete le zucchine e spalmateci sopra la crema preparata, avvolgetele formando un involtino.

- mollica di pane q.b.
- qualche cappero

Indicazioni:
1. Tritate il prezzemolo, mettete la mollica di pane a bagno con il succo di limone qualche minuto per ammorbidirla, sgusciate l'uovo sodo e dopo tagliatelo a metà.
2. Tritate assieme la mollica di pane strizzata, il prezzemolo, tuorlo sodo, capperi, sale e pepe un filo d'olio, con la crema ottenuta riempite le uova sode.

40. Uova Sode al Verde

Preparazione: 25 minuti
Tempo di cottura: 10 minuti
Porzioni: 2
Ingredienti:
- 2 uova sode
- succo di limone q.b.
- olio
- un ciuffetto di prezzemolo

Capitolo 2

Primi Piatti

41. Penne Ricotta e Melanzane

Preparazione: 40 minuti
Tempo di cottura: 30 minuti
Porzioni: 2
Ingredienti:

- 1 spicchio d'aglio
- 350 g di polpa di pomodoro
- 150 g di pasta
- 100 g di ricotta dura salata - 1 melanzana
- olio d'oliva - sale
- qualche foglia di basilico

Indicazioni:
1. In una padella fate soffriggere l'aglio.
2. Schiacciate con la forchetta la polpa di pomodoro e aggiungetela all'aglio con le foglie di basilico.
3. Fate cuocere per 15 minuti.
4. Tagliate a dadini la melanzana, friggetela in olio caldo per renderla dorata e un pizzico di sale.
5. Cuocere la pasta, versatela in una pirofila ed aggiungete pomodoro, melanzane e mescolate il tutto.
6. Spolverate con ricotta per completare il piatto.

42. Trofie Genovesi

Preparazione: 30 minuti
Tempo di cottura: 30 minuti
Porzioni: 2
Ingredienti:

- 140 g di trofie
- 30 g di fagiolini verdi
- sale
- 2 patate medie
- 1 mazzo di basilico
- 60 g Formaggio grattugiato
- 100 g di pinoli
- olio extravergine d'oliva
- ½ spicchio d'aglio

Indicazioni:
1. In una pentola fate bollire l'acqua e cuocere i fagiolini.

2. A cottura completata scolateli e teneteli da parte.
   Preparate il pesto:
   a. Mettete nel tritatutto l'aglio con le foglie di basilico, pinoli e tritate, aggiungete formaggio grattugiato con un filo d'olio e tritate per 10 secondi ancora, versate la crema di pesto ottenuta in un contenitore e coprite con olio per far sì che non diventi scura.
3. Pelate le patate e tagliate a dadini di media dimensione.
4. Mettete a bollire l'acqua, salate, versate le patate e dopo 5 minuti le trofie.
5. In una pirofila versate il pesto le trofie i fagiolini e con l'aiuto di un cucchiaio mescolate il tutto.
6. Spolverare con formaggio grattugiato.

43. Spaghetti alla Carbonara

Preparazione: 20 minuti
Tempo di cottura: 10 minuti
Porzioni: 2
Ingredienti:
- 2 uova
- 160 g di guanciale
- 50 g di formaggio pecorino grattugiato
- 50g di formaggio parmigiano grattugiato
- 150 g di spaghetti
- sale
- olio

Indicazioni:
1. Ungete una padella con poco olio e rosolate bene il guanciale fino a quando si crosta.
2. Sbattete le uova ed aggiungete il formaggio (sia parmigiano che pecorino) e formate un composto cremoso.
3. Fate bollire l'acqua per cuocere la pasta.
4. Scolate e versate nella pentola il guanciale cotto in precedenza poi la pasta ed il composto di uova mescolate il tutto sul fuoco per pochi secondi.

44. Riso e Radicchio

Preparazione: 40 minuti
Tempo di cottura: 30 minuti
Porzioni: 2
Ingredienti:
- 100 g di radicchio rosso
- 150 g di riso
- 1 litro di brodo
- 1 cipolla
- 30 g di burro
- 2 cucchiai d' olio
- 1 spruzzata di vino bianco (secco)

Indicazioni:
1. Tagliate il radicchio a strisce lavatelo ed asciugatelo.
2. Tagliate la cipolla in modo fine.
3. In una casseruola mettete olio e burro e fate soffriggere la cipolla e dopo qualche minuto aggiungete anche il radicchio tagliato.
4. Fate cuocere fino a quando risulterà cremoso.
5. Nella stessa casseruola versate il riso, spruzzate con un po' di vino bianco.
6. Fate cuocere il riso aggiungendo il brodo poco alla volta per non renderlo acquoso.
7. A cottura completata spolverate un po' di formaggio grattugiato.

45. Pizzoccheri della Valtellina

Preparazione: 20 minuti
Tempo di cottura: 12 minuti
Porzioni: 2
Ingredienti:
- 160 g di pizzoccheri
- 70 g di burro
- 80 g di patate
- 65 g di spinaci o verza o bietole
- 80 g di formaggio (consiglio Valtellina Casera)
- 1 spicchio d' aglio
- pepe
- 100 g di Formaggio parmigiano grattato

Indicazioni:
1. Mettete in una pentola acqua "abbondante", salate e portate ad ebollizione.
2. Tagliate le patate a dadini e la verdura a piccoli pezzi.
3. Quando l'acqua bolle versate patate e verdura e fate cuocere per circa 5/6 minuti, dopo senza togliere le verdure aggiungete i pizzoccheri.

4. Nel frattempo che cuociono i pizzoccheri sciogliete il burro e rosolate l'aglio e tagliate il formaggio a dadini.
5. A cottura raggiunta scolate il tutto e condite con il burro fuso, i dadini di formaggio e una bella spolverata di parmigiano.

46. Conchiglie alla Matriciana
Preparazione: 40 minuti
Tempo di cottura: 50 minuti
Porzioni: 2
Ingredienti:

- 400 g di pomodori maturi
- 200 g di pasta conchiglie
- 125 g di guanciale di maiale - ½ cipolla
- sale quanto basta
- ½ peperoncino rosso

Indicazioni:
1. Tagliate a dadini il guanciale di maiale ed affettate la cipolla.
2. Fateli rosolare assieme in una padella con po' d'olio.
3. Tagliate il pomodoro e il peperoncino a pezzetti piuttosto piccoli, aggiungeteli al guanciale, a cipolla, salate e fate cuocere il tutto a fiamma media per circa 40 minuti.
4. Fate cuocere la pasta ed a cottura ultimata, scolatela e condite con il sugo preparato.

47. Maccheroni con Cavolfiore
Preparazione: 40 minuti
Tempo di cottura: 30
Porzioni: 2
Ingredienti:

- 200 g di pasta
- ½ cavolfiore
- olio d'oliva q.b.
- ½ manciata di parmigiano grattugiato
- qualche foglia di prezzemolo tritato
- sale
- 1 manciata di mollica di pane

Indicazioni:
1. Pulite il cavolfiore e lavatelo, tagliatelo a pezzetti e mettetelo in una pentola con acqua e fatelo cuocere per 10 minuti.
2. Aggiungete la pasta nella pentola con il cavolfiore fino a cottura.
3. Nel frattempo mettete in una padella un po' d'olio e sbriciolate la mollica, fatela

soffriggere fino a quando risulterà bella dorata.
4. Scolate la pasta con il cavolfiore e condite con mollica di pane dorata, prezzemolo e per finire spolverata di parmigiano.

48. Spaghetti con Sugo di Polpo

Preparazione: 120 minuti
Tempo di cottura: 1ora e 40 minuti
Porzioni: 2
Ingredienti:
- 200 g di spaghetti
- 1 polpo medio (400/500) g
- 1 cipolla media grandezza
- ½ bottiglia di salsa di pomodoro
- olio q.b.

Indicazioni:
1. Lavate il polpo e tagliatelo a pezzetti non troppo piccoli.
2. Tagliate in 4 la cipolla.
3. In una pentola mettete un po' d'olio, il polpo, la cipolla e versate la salsa.
4. Fate cuocere tutto assieme per circa 1ora e mezza.
5. Una volta che la pasta è cotta condite con il sugo.

49. Penne con Polpa di Granchio e Panna

Preparazione: 30 minuti
Tempo di cottura: 15 minuti
Porzioni: 2
Ingredienti:
- 200 g di penne
- 300 g di polpa di granchio
- 1 confezione di panna da cucina
- qualche foglia di prezzemolo
- 2 cucchiai d'olio extravergine d'oliva
- mezza cipolla
- un pizzico di sale

Indicazioni:
1. Mettete a cuocere la pasta e nel frattempo preparate condimento.
2. In una padella con olio mettete la cipolla tagliata fine e fate rosolare. Aggiungete la polpa di granchio il prezzemolo tritato, e la panna e fate cuocere 5 minuti. Scolate la pasta e condite.

50. Mezze Penne alla Vodka

Preparazione: 45 minuti
Tempo di cottura: 30
Porzioni: 2
Ingredienti:
- 50 g di pancetta affumicata

- 200 g di pasta (mezze penne)
- 125 g di pomodori pelati
- 80 g di panna da cucina
- 2 bicchierini di vodka
- 2 cucchiai olio
- Sale
- 50 g di parmigiano grattugiato

Indicazioni:
1. In una padella con olio fate rosolare la pancetta che avrete tagliato a listini.
2. Quando la pancetta si è ben dorata unite i 2 bicchierini di vodka e con fiamma alta fatela evaporare.
3. Aggiungete i pelati e abbassate la fiamma facendo continuare la cottura per almeno 10 minuti.
4. Aggiungete la panna al sugo preparato e mescolate il tutto.
5. Fate cuocere la pasta stando attenti a non eccedere con il sale perché sia la pancetta che il parmigiano sono già ingredienti saporiti.
6. Scolate la pasta e condite con il sugo preparato e tanto buon formaggio grattato.

51. Risotto ai Frutti di Mare

Preparazione: 45 minuti
Tempo di cottura: 40 minuti
Porzioni: 2
Ingredienti:
- 160 g di riso
- 500 g di cozze
- 150 g di code di gamberi
- 250 g di vongole
- 175 g di calamari già puliti
- 1 spicchio d'aglio
- qualche foglia di prezzemolo
- 40 g di vino bianco
- olio extravergine d'oliva q.b.
- brodo vegetale q.b.
- un pezzetto di peperoncino
- sale e pepe q.b.
- 25 g di cipolla
- 25 g di sedano
- 25 g di carote
- 35 g di burro

Indicazioni:
1. Per prima cosa pulite tutti i frutti di mare con attenzione alle cozze che andranno ben grattate al suo esterno per eliminare impurità (compreso il ciuffo situato all'esterno) e lavatele con cura.

2. Mettete a bagno le vongole con il sale per 1 ora circa in modo che possano espellere la sabbia scolatele e risciacquatele.
3. Pulite i calamari svuotandoli all'interno e tagliateli a listelli.
4. Pulite le code di gamberi eliminando sia le gambe che il filo nero al suo interno (sul dorso).
5. Mettete una pentola grande sul fuoco a fiamma alta e versate le cozze coprite per 2/3 minuti (ogni tanto scuotete la pentola per favorire l'apertura delle cozze).
6. Filtrate il liquido rilasciato dalle cozze tenetelo da parte e sgusciate le cozze (conservatele da parte).
7. Mettete sul fuoco una pentola versate le vongole coprite e fate cuocere per 2/3 minuti fino alla loro apertura filtrate il liquido e unitelo a quello ottenuto dalle cozze, sgusciatele e unitele alle cozze tenendole da parte.
8. Pulite e tagliate molto finemente il sedano carota cipolla prezzemolo peperoncino (lasciate l'aglio intero) mettete la pentola sul fuoco con un po' d'olio facendo rosolare il tutto a fiamma bassa per 10 minuti.
9. Trascorsi 10 minuti rimuovete l'aglio dalla pentola e nella stessa pentola versate i calamari le code di gamberi e fate cuocere qualche minuto poi sfumate con i 20 g di vino bianco e fatelo evaporare (spegnete e tenete da parte).
10. Utilizzate la stessa pentola dove avete cotto i calamari versate il riso e fatelo rosolare per qualche minuto a fiamma alta mescolando, versate il vino bianco rimasto e fate evaporare.
11. Continuate la cottura del riso versando poco alla volta il brodo alternandolo al liquido ottenuto da cozze e vongole.

12. Qualche minuto prima che sia cotto il riso aggiungete (cozze vongole gamberi) mescolate il tutto togliete dal fuoco aggiungete il burro freddo pepe nero una spruzzata di prezzemolo e mescolate.

52. Taglierini al Salmone
Preparazione: 30 minuti
Tempo di cottura: 15 minuti
Porzioni: 2
Ingredienti:
- 160 g di taglierini
- 75 g di salmone affumicato
- olio extravergine d'oliva
- sale q. b
- 1 ciuffetto di prezzemolo
- un piccolo pezzo di carota, cipolla e una punta d'aglio

Indicazioni:
1. Tritate finemente la carota cipolla aglio e mettete in una padella con un po' d'olio facendo rosolare dopo circa 5 minuti aggiungete il salmone e fate cuocere per pochi minuti.
2. Mettete sul fuoco una pentola con acqua fate bollire e versate i taglierini. Scolate i taglierini versandoli nella padella con il condimento preparato in precedenza mescolando assieme e spolverate con un po' di prezzemolo fresco.

53. Penne del Boscaiolo
Preparazione: 30 minuti
Tempo di cottura: 20 minuti
Porzioni: 2
Ingredienti:
- 160 g di penne
- 150 g di funghi (porcini)
- 150 g di ricotta
- 1 spicchio d'aglio
- 1 ciuffetto di prezzemolo
- ½ bicchieri d'olio extravergine d'oliva
- pepe q. b - un pizzico di sale

Indicazioni:
1. Pulite i funghi e tagliate a dadini. In una padella con olio mettete l'aglio tritato sale pepe e versate i funghi facendo cuocere per circa 10/20 minuti.

2. Trascorsi i minuti di cottura toglieteli dal fuoco spolverizzando con prezzemolo fresco tritato.
3. Mettete sul fuoco una pentola d'acqua e fate cuocete la pasta.
4. Prendete la ricotta mettetela in un recipiente con 2/3 cucchiai d'acqua della pasta e ottenete una crema.
5. Scolate la pasta e condite con il sugo di funghi versate la crema di ricotta mescolando assieme (servite calda).

54. Risotto al Fiore di Zucca

Preparazione: 30 minuti
Tempo di cottura: 20 minuti
Porzioni: 2
Ingredienti:

- 200 g di riso
- 300 g di fiore di zucca
- ½ cipolla
- 1 zucchino
- un po' d'olio extravergine d'oliva
- brodo vegetale
- 30g di burro
- 70 g di formaggio (tipo casera o fontina)
- 2/3 cucchiai di formaggio grattugiato

Indicazioni:
1. Pulite i fiori di zucca lavateli e con carta assorbente asciugateli e tagliateli dividendoli in 2/3 parti.
2. Tagliate lo zucchino a dadini e mettetelo assieme ai fiori di zucca.
3. Tagliate molto finemente la cipolla e mettete in una casseruola con un po' d'olio fate rosolare bene.
4. Aggiungete alla cipolla, zucchino e i fiori facendo cuocere per 2/3 minuti dopo aggiungere il riso e far cuocere 2/3 minuti sempre mescolando.
5. Fate cuocere il riso aggiungendo il brodo poco alla volta per non rischiare di annacquare il riso che deve rimanere cremoso.
6. Tagliate a dadini il formaggio e 2/3 minuti dalla fine cottura del riso togliete dal fuoco versate i dadini di formaggio e amalgamate il tutto spolverate con formaggio grattugiato.

55. Spaghetti Estivi
Preparazione: minuti20
Tempo di cottura: 10 minuti
Porzioni: 2
Ingredienti:
- 160 g di spaghetti
- 1 spicchio d'aglio
- 1 ciuffetto di basilico
- qualche foglia di prezzemolo
- 100 g di pomodori freschi da sugo
- 4 cucchiai di olio extravergine d'oliva

Indicazioni:
1. Mettete a bagno i pomodori con acqua calda (così risulta più veloce pelarli).
2. Tritate i pomodori con aglio prezzemolo e basilico (tenete il tutto da parte perché non necessita cottura).
3. Mettete una pentola d'acqua sul fuoco e cuocete la pasta.
4. Scolate la pasta e condite con olio e il trito ottenuto di pomodori.

56. Gnocchi con Salsa di Asparagi
Preparazione:30 minuti
Tempo di cottura: 20 minuti
Porzioni: 2
Ingredienti:
- 200 g di asparagi
- 400 g di gnocchi freschi
- ½ cipolla
- 50 g di panna da cucina
- 50 g di formaggio parmigiano grattato
- 20 g di burro
- 1 bicchiere di brodo
- 1 cucchiaio d'olio extravergine d'oliva
- 1 pizzico di sale
- 1 pizzico di pepe

Indicazioni:
1. Lavate gli asparagi e tagliate a pezzetti mantenendo le punte degli asparagi intere.
2. Affettate molto fine la cipolla e mettetela in una padella con olio e burro fatela cuocere qualche minuto poi aggiungete gli asparagi versate il vino sale e pepe fate cuocere per circa 15/20 minuti con coperchio a fiamma moderata.
3. Passati 20 minuti di cottura frullate gli asparagi (tenete qualche punta da parte) versate in una pirofila e unite la panna, con un cucchiaio di legno mescolate il tutto per ottenere una salsa.

4. Mettete una pentola d'acqua sul fuoco e quando bolle versate gli gnocchi (ricordate che quando gli gnocchi vengono a galla sono cotti).
5. Scolate gli gnocchi versateli nella pirofila con la salsa e mescolate.
6. Ultimate il piatto con il formaggio grattugiato.

57. Fusilli al Tonno
Preparazione: 30 minuti
Tempo di cottura: 15 minuti
Porzioni: 2
Ingredienti:
- 180 g di pasta fusilli
- 75 g di tonno sott'olio
- 100g di panna da cucina
- 1 cucchiaio di pasta d'olive
- 1 cucchiaio d'olio extravergine d'oliva
- 1 pizzico di noce moscata

Indicazioni:
1. In una padella con olio fate soffriggere il tonno con la pasta d'olive per qualche minuto poi aggiungete la panna e fate cuocere ancora 5 minuti aggiungete un pizzico di noce moscata e trascorsi i minuti spegnete e tenete da parte.
2. Fate cuocere la pasta mantenete una cottura al dente, scolatela.
3. Mettete la padella con la salsa sul fuoco a fiamma bassa versate la pasta mescolate il tutto per 1/2 minuti.

58. Risotto allo Spumante
Preparazione: 30 minuti
Tempo di cottura: 15 minuti
Porzioni: 2
Ingredienti:
- 180 g di riso
- ½ cipolla
- brodo q. b
- 2 bicchieri di spumante secco
- 25 g di formaggio parmigiano grattugiato
- 25 g di burro
- 25 g di panna da cucina

Indicazioni:
1. Prendete la cipolla e tagliata fine mettela in una padella con il burro e fate rosolare bene
2. Quando la cipolla è ben dorata versate il riso mescolate pochi minuti versate lo spumante e fate cuocere a fiamma bassa.

3. Quando vedete che si sta asciugando aggiungete il brodo poco alla volta e continuate la cottura.
4. A cottura terminata togliete dal fuoco unite la panna e il parmigiano mescolando il tutto per 2/3 minuti.

59. Zucca in Pasta
Preparazione: 40 minuti
Tempo di cottura: 20 minuti
Porzioni: 2
Ingredienti:
- 150 g di ricotta fresca
- 300g di zucca
- 160g di penne
- ½ cipolla
- 30 g di burro
- sale
- pepe
- ½ bicchiere di panna da cucina
- formaggio parmigiano grattugiato

Indicazioni:
1. Pulite la zucca (per comodità si trova già confezionata pulita e tagliata) fatela a dadini.
2. Prendete una casseruola mettete il burro la zucca e la cipolla tritata cuocete a fiamma bassa fino a quando la zucca si presenta morbida (attenti a non farla attaccare se serve potete aggiungere 1 bicchiere d'acqua).
3. Quando la zucca è cotta togliete dal fuoco unite la panna e mescolate assieme formando una crema liscia e priva di grumi.
4. Fate cuocere la pasta.
5. In un recipiente mettete la ricotta con 1 cucchiaio d'acqua della pasta sale pepe e sciogliete deve risultare cremosa.
6. Scolate la pasta mettetela in una pirofila versate la crema di zucca la ricotta mescolate assieme imbiancate la superficie con formaggio grattugiato.

60. Pansoti con Salsa di Noci
Preparazione: 30 minuti
Tempo di cottura: 10 minuti
Porzioni: 2
Ingredienti:
- 180 g di pansoti freschi
- 200 g di noci (gherigli)
- ½ spicchio d'aglio
- 1 panna da cucina
- ½ bicchiere di latte

- 1 fetta di pane da toast (solo la parte bianca senza i crostoni laterali)
- 1 pizzico di sale

Indicazioni:

Preparazione salsa di noce:

a) Prendete la fetta di pane da toast privatela del bordo laterale mettetela in una tazza con il latte e lasciatela in ammollo qualche minuto.

b) Mettete nel tritatutto l'aglio pelato e fatelo sminuzzare, aggiungete le noci tritatele grossolanamente, ora unite un pizzico di sale, la mollica del pane che avete lasciato in ammollo la panna e tritate il tutto fino a ottenere una salsa cremosa.

1. Mettete sul fuoco una pentola d'acqua quando bolle versate i pansoti e fateli cuocere facendo attenzione a non farli smollare troppo (necessitano di poca cottura).
2. Scolate e condite con la salsa di noci spolverate con formaggio grattugiato.

61. Taglierini al Nasello

Preparazione: 30 minuti
Tempo di cottura: 20 minuti
Porzioni: 2
Ingredienti:

- 180 g di taglierini freschi
- 150 g di pesce nasello (va bene anche quello confezionato già pulito)
- 250 g di pomodori pelati
- ½ spicchio d'aglio
- ½ cipolla
- 1/2 foglie d'alloro
- sale pepe
- olio extravergine d'oliva q. b

Indicazioni:

1. Pulite il pesce eliminando squame e interiora lavatelo bene se usate quello fresco (se usate quello confezionato già pulito non necessità).
2. Mettete una pentola d'acqua sul fuoco versate il nasello la cipolla e fate cuocere 10/15 minuti.
3. Sminuzzate i pomodori pelati mettete in una padella l'olio aggiungete l'aglio i pomodori sminuzzati un pizzico di sale un pochino di pepe cuocete per circa 20 minuti.

4. Quando il nasello è cotto tagliate a pezzettini unitelo agli altri ingredienti che sono nella padella e fate insaporire ancora qualche minuto.
5. Fate cuocere la pasta quando è cotta scolatela e condite con il sugo preparato.

62. Farfalle Colorate
Preparazione: 30 minuti
Tempo di cottura: 20 minuti
Porzioni: 2
Ingredienti:
- 200 g di pasta (farfalle)
- ½ cipolla
- ½ mozzarella
- 2 acciughe sott'olio
- sale
- 1 peperone rosso
- formaggio parmigiano grattugiato
- un pochino d'olio extravergine d'oliva

Indicazioni:
1. Prendete una padella versate un po' d'olio aggiungete la cipolla tagliata sottile l'acciuga e il peperone tagliato a dadini fate rosolare 10 minuti.
2. Tagliate a pezzettini la mozzarella e tenetela da parte.
3. Fate Cuocere la pasta scolatela e versatela in una pirofila condite con il sugo ottenuto mescolate versando sopra la mozzarella a dadini e spolverate con il formaggio grattugiato.

63. Pappa al Pomodoro
Preparazione:30 minuti
Tempo di cottura: 20 minuti
Porzioni: 2
Ingredienti:
- 100 g di pane(toscano)
- ½ scatola di pelati
- 250 ml di brodo
- ½ spicchio d'aglio
- 2 cucchiai d'olio extravergine d'oliva
- sale pepe
- origano secco
- basilico (meglio se fresco)

Indicazioni:
1. Prendete il passaverdura e passate i pelati.
2. Mettete in una casseruola il brodo con i pelati passati e un pizzico di sale mettete sul fuoco e fate cuocere fino a quando bolle.
3. Prendete il pane e strofinate sopra l'aglio per insaporire.

4. Quando i pelati iniziano a bollire versate le fette di pane lasciate cuocere per altri 10 minuti.
5. Trascorsi i minuti togliete dal fuoco spolverate con origano basilico un pizzico di pepe ultimate il piatto con un filo d'olio extravergine (a crudo).

64. Tortellini con Panna e Olive

Preparazione: 20 minuti
Tempo di cottura: 15 minuti
Porzioni: 2
Ingredienti:

- 25 g di burro
- 125 g panna da cucina
- 20 olive nere
- 250 g di tortellini
- sale

Indicazioni:
1. Fate cuocere i tortellini in abbondante acqua salata.
2. Snocciolate le olive e tagliatele a pezzetti.
3. Fate sciogliere il burro ed aggiungete panna, olive e fate cuocere per circa 5 minuti ottenendo un sughetto denso.
4. Scolate i tortellini ed aggiungete il sughetto preparato.

65. Gnocchetti Sardi ai Formaggi

Preparazione: 30 minuti
Tempo di cottura: 20 minuti
Porzioni: 2
Ingredienti:

- 25 g di toma
- 25 g di gorgonzola
- 25 g di fontina
- 25 g di ricotta fresca
- 50 g di parmigiano grattugiato
- 25 g di burro
- 250 g di gnocchetti
- sale

Indicazioni:
1. Fate bollire l'acqua con un pugnetto di sale.
2. Quando è in ebollizione aggiungete gli gnocchetti per circa 20 minuti. Tagliuzzate a dadini tutti i formaggi.
3. Scolate gli gnocchetti e rimetteteli nella stessa pentola ed aggiungete i formaggi e burro, mescolate energeticamente e sono pronti.

66. Risotto e Salsiccia

Preparazione: 30 minuti
Tempo di cottura: 20 minuti
Porzioni: 2
Ingredienti:

- 1 cipolla piccola

- 80 g di salsiccia morbida
- 180 g di riso
- brodo q.b.
- qualche foglia di salvia
- parmigiano q.b.
- 20 g di margarina o burro

Indicazioni:
1. Sciogliete il burro con un'aggiunta delle foglie di salvia tritata.
2. Spellate la salsiccia, sminuzzatela e fatela rosolare nella padella dove avete fato sciogliere il burro, aggiungete anche cipolla tritata.
3. Aggiungete il riso e fate cuocere, versate il brodo e fate asciugare.
4. Quando il riso è cotto spolverate con abbondante parmigiano.

67. Risotto con Fegatini di Pollo
Preparazione: 30 minuti
Tempo di cottura: 20 minuti
Porzioni: 2
Ingredienti:
- 180 g di riso
- 1 cipolla piccola
- 1 bicchiere di vino bianco secco
- 100 g di fegatini di pollo
- 30 g di parmigiano grattugiato
- 2 o 3 foglie di salvia
- 2 cucchiai olio d'oliva
- 1 noce di burro
- 1 l di brodo di carne

Indicazioni:
1. Togliete le parti grasse e filamentose dei fegatini e lavateli. Tagliateli a pezzettini e fateli insaporire con cipolla, salvia affettata ed olio.
2. Quando sarà rosolato aggiungete il riso, fatelo tostare e aggiungete vino bianco facendolo evaporare con fiamma viva. Aggiungete il brodo poco alla volta fino a cottura terminata, mettete noce di burro, parmigiano e mescolate.

68. Risotto di Vienna
Preparazione: 30 minuti
Tempo di cottura: 20 minuti
Porzioni: 2
Ingredienti:
- 2 wurstel
- 180 g di riso
- ½ bicchiere di vermut (bianco secco)
- 1 l di brodo
- 1 cucchiaio olio d'oliva
- 1 noce di burro
- 1 cipolla piccola

Indicazioni:
1. Tagliate a dadini i wurstel e la cipolla finemente e rosolate il tutto.
2. Aggiungete il riso e fatelo tostare per qualche minuto, dopo di che aggiungete il vermut e fatelo evaporare. Portate a cottura il riso aggiungendo il brodo poco per volta. Alla fine aggiungete la noce di burro mescolate e servite caldo.

69. Spaghetti al Pomodoro Secco
Preparazione: 30 minuti
Tempo di cottura: 15 minuti
Porzioni: 2
Ingredienti:
- 4 mezzi pomodori secchi (ciappe siciliane)
- 160 g di spaghetti n°5
- 1 ciuffetto di basilico fresco - 1 spicchio d'aglio
- Sale - 4 cucchiai di olio extravergine di oliva

Indicazioni:
1. Fate bollire una pentola d'acqua poco salata, ad ebollizione aggiungete gli spaghetti e nel frattempo preparate il condimento.
2. Lavate accuratamente i pomodori secchi per togliere il sale di conservazione ed asciugateli.
3. Tritate il tutto (aglio, basilico e pomodori) con la mezzaluna e metteteli in un pentolino con olio e scaldate (no soffriggere).
4. Quando gli spaghetti sono cotti aggiungete il sughetto preparato ed è pronto.

70. Penne Golose
Preparazione: 30 minuti
Tempo di cottura: 15 minuti
Porzioni: 2
Ingredienti:
- 100 g di tonno sottolio
- 50 g di pancetta a dadini
- 160 g di penne
- 3 foglie di basilico
- ½ spicchio d'aglio
- ½ scalogno
- 150 g di pomodoro maturo
- ½ cucchiaio olio d'oliva
- Parmigiano grattugiato q.b. - sale

Indicazioni:
1. Fate bollire l'acqua per cuocere la pasta nel frattempo preparate il condimento.

2. Prendete un tegame con un goccino d'olio tagliate finemente lo scalogno, aggiungete la pancetta a dadini e ½ spicchio d'aglio e fate rosolare per qualche minuto.
3. Aggiungete i pomodori maturi tagliati a tocchetti e fate cuocere per 15 minuti circa.
4. Aggiungete le foglie di basilico e tonno spezzettato.
5. Scolate la pasta, aggiungete il sugo e date una spruzzata di parmigiano.

71. Risotto con Crema di Lenticchie
Preparazione: 2 ore
Tempo di cottura: 1 ora e ½
Porzioni: 2
Ingredienti:
- 80 g di lenticchie secche
- ½ cipolla rossa
- 1 spicchio d'aglio
- 160 g di riso
- ½ costa di sedano
- Sale
- Olio extravergine q.b.
- Parmigiano grattugiato

Indicazioni:
1. Mettete a bagno le lenticchie almeno 12 ore prima di cucinarle.
2. Mettete le lenticchie a lessare in abbondante acqua salata con cipolla ed aglio per circa 1 ora ½
3. Fate lessare il riso in abbondante acqua salata.
4. Poi in una casseruola con un po' d'olio fate rosolare la cipolla restante tagliata fine ed aggiungete la purea di lenticchie e riso, mescolate bene aggiungendo parmigiano q.b.

72. Spaghetti Arrabbiati
Preparazione: 30 minuti
Tempo di cottura: 20 minuti
Porzioni: 2
Ingredienti:
- 2 cucchiai di pomodori passati
- Sale
- 2 cucchiai olio d'oliva
- 100 g di provola affumicata
- 2 foglie di salvia
- 1 spicchio d'aglio
- 100 g di salsiccia piccante
- 160 g di spaghetti n°5

Indicazioni:
1. In una padella con un po' d'olio mettete aglio e salvia.

2. Quando aglio è dorato aggiungete il pomodoro e salsiccia tagliata a rondelle e fate cuocere per 5 minuti circa.
3. Nel frattempo avete fatto cuocere gli spaghetti, li avete scolati ed ora togliete l'aglio e li aggiungete nella padella con il sugo, mescolate ed aggiungete parmigiano.

73. Risotto alla Milanese
Preparazione: 25 minuti
Tempo di cottura: 20 minuti
Porzioni: 2
Ingredienti:
- ½ bustina di zafferano
- 160 grammi di riso
- 50 g di parmigiano grattugiato
- 50 g di burro
- ½ litro brodo
- 1 cipolla piccola
- ½ litro d'acqua

Indicazioni:
1. Tritate la cipolla e fatela rosolare con metà burro a fuoco moderato
2. Mettete il riso nella casseruola insieme alla cipolla e fatelo tostare.
3. Aggiungete il brodo poco a poco in modo da cuocere il riso senza farlo attaccare.
4. 5 minuti prima di fine cottura aggiungete lo zafferano al riso mescolate, unite burro restante e parmigiano.

74. Penne alla Crema di Olive
Preparazione: 25 minuti
Tempo di cottura: 15 minuti
Porzioni: 2
Ingredienti:
- 90 g di ricotta fresca
- 60 g di olive nere snocciolate
- 160 g di penne
- ¼ cipolla tritata - Sale e pepe
- 3 cucchiai olio d'oliva

Indicazioni:
1. Quando l'acqua bolle fate cuocere le penne.
2. Tritate finemente le olive, aggiungetele alla cipolla, alla ricotta e unite il tutto con olio d'oliva.
3. Quando la pasta è cotta scolatela e condite il tutto con il sugo ed un po' di pepe.

75. Orecchiette con Asparagi

Preparazione: 25 minuti
Tempo di cottura: 15 minuti
Porzioni: 2
Ingredienti:
- 150 g di puntine di asparagi
- 160 g di orecchiette
- 25 g di burro
- ¼ cipolla
- 3 cucchiai olio d'oliva
- 30 di mozzarella
- 30 di parmigiano
- Sale e pepe
- ½ bicchiere di vino bianco

Indicazioni:
1. Lavate e fate rosolare le punte di asparagi con poco di burro, olio d'olive e cipolla affettata, dopo di che salare spruzzare vino bianco e cuocere lentamente con coperchio.
2. Fate bollire acqua salata e versate le orecchiette, una volta cotte scolatele e mettetele insieme agli asparagi, aggiungete mozzarella a dadini fatele saltare a fuoco vivo per qualche minuto,
e date una spolverata di parmigiano.

76. Tagliatelle con Porri

Preparazione: 45 minuti
Tempo di cottura: 25 minuti
Porzioni: 2
Ingredienti:
- 100 g di besciamella
- 160 tagliatelle all'uovo
- 75 g di porri (solo parte verde)
- Prezzemolo
- 75 g di pancetta
- Olio, sale
- 1 tuorlo d'uovo

Indicazioni:
1. Tagliate la pancetta a fettine sottili, unitele con prezzemolo e porro tritati e fate soffriggere qualche minuto

Preparazione besciamella

a) Sciogliete il burro in un pentolino, toglietelo dal fuoco ed aggiungere la farina mescolando, aggiungete lentamente il latte senza smettere di mescolare per non formare grumi, aggiungete pizzico di sale ed una spruzzata di noce moscata e riposizionarsi sul fuoco medio per addensare la crema.

2. Intiepidite la besciamella ed incorporate il tuorlo d'uovo.
3. Fate cuocere le tagliatelle e condite con la besciamella ed il sugo di porri.

77. Spaghetti Speciali
Preparazione: 1 ora ½
Tempo di cottura: 1 ora
Porzioni: 2
Ingredienti:
- 6 spicchi d'aglio
- 160 g di spaghetti
- ½ peperoncino
- 25 g di capperi
- 1 ciuffetto di prezzemolo
- 50 g di olive snocciolate
- 50 g di acciughe
- 1 pomodoro pelato e tritato
- 25 g di panna
- 2 cucchiai di olio
- 1 cucchiaio di aceto - sale

Indicazioni:
1. Tritate aglio e prezzemolo mettete in una padella con poco olio e fatelo soffriggere.
2. Dopo di che aggiungete, olive, pomodori, acciughe, peperoncino, capperi ed un cucchiaio di aceto e far cuocere 1 ora.
3. Fate cuocere gli spaghetti, scolateli e conditeli con il sugo fatto aggiungendo la panna e mescolate.

78. Pappardelle di Romina
Preparazione: 25 minuti
Tempo di cottura: 15 minuti
Porzioni: 2
Ingredienti:
- 160 g di pappardelle
- 150 di funghi trifolati (champignon)
- 70 g di prosciutto cotto
- 3 cucchiai olio extravergine
- sale

Indicazioni:
1. Fate cuocere le pappardelle in abbondante acqua salata.
2. Tagliate a fettine i funghi e metteteli in una padella con poco olio e cucinateli per 10 minuti.
3. Tritate prosciutto cotto ed aggiungetelo ai funghi.
4. Scolate la pasta ed aggiungete il sugo preparato.

79. Risotto con Carciofi

Preparazione: 25 minuti
Tempo di cottura: 15 minuti
Porzioni: 2
Ingredienti:

- 25 g di burro
- 150 g di riso
- 2 carciofi
- 25 g di parmigiano grattugiato
- ½ litro acqua
- ½ dado di pollo
- ½ dado di manzo

Indicazioni:

1. Mettete in una casseruola i dadi con acqua e portare ad ebollizione.
2. Pulite i carciofi tenendo la parte tenera tagliateli a fettine sottili e fateli rosolare in una casseruola con burro.
3. Mettere il riso insieme ai carciofi ed aggiungete il brodo poco alla volta.
4. Quando è cotto spolveratelo con parmigiano.

80. Spaghetti con Pachino e Gorgonzola

Preparazione: 30 minuti
Tempo di cottura: 15 minuti
Porzioni: 2
Ingredienti:

- 160 g di spaghetti
- 2 cucchiai olio d'oliva
- 150 g di gorgonzola
- 150 g di pomodori pachino
- Parmigiano grattugiato
- sale

Indicazioni:

1. Fate cuocere gli spaghetti.
2. Tagliate i pomodori pachino a metà metterli in una padella con goccio d'olio e fateli cuocere a fiamma viva per 10 minuti.
3. Aggiungete il gorgonzola e mescolare.
4. Scolate gli spaghetti e conditela con il sugo e spolverate con parmigiano.

Capitolo 3

Secondi di Carne

81. Bistecche e Verdure
Preparazione: 30 minuti
Tempo di cottura: 20 minuti
Porzioni: 2
Ingredienti:
- 2 bistecche
- 2 spicchi d'aglio schiacciati
- 4 foglie di salvia
- Olio d'oliva - sale

Indicazioni:
1. Mettete sul fuoco una pentola d'acqua e adagiatevi sopra un piatto con un filo d'olio, le bistecche, aglio e salvia, copritele con un coperchio o altro piatto e fatele cuocere per 10 minuti circa.
2. Poi girate le bistecche e fate cuocere ancora per dieci minuti e servite.

82. Arrosto di Maiale alle Erbe
Preparazione: 2 ore
Tempo di cottura: 1 ora e 40 minuti **Porzioni:** 2
Ingredienti:
- 2 spicchi d'aglio
- 5 foglie di salvia
- Olio q.b.
- 1 rametto di rosmarino
- Sale e pepe
- 400 g di lombo di maiale

Indicazioni:
1. Tritate le foglie di salvia, rosmarino e l'aglio.
2. Cospargete il lombo con questo trito ed un goccio d'olio, lasciate insaporire la carne 3 o 4 ore prima di cuocerla.
3. Scaldate il forno a 200 °C, prendete una teglia posatevi il lombo e versatevi ½ bicchiere d'olio e lasciate cuocere per 10 minuti girandolo spesso per colorare l'arrosto in tutti i lati.

4. Abbassate la temperatura a 150 °C e lasciate cuocere per circa 1 ora ½.

83. Involtini di Prosciutto Impanati

Preparazione: 25 minuti
Tempo di cottura: 13 minuti
Porzioni: 2
Ingredienti:
- 2 fettine di fontina
- 2 fette di prosciutto cotto tagliato spesso
- 4 carciofini tritati sott'olio
- Pangrattato
- Un pizzico di sale
- Olio per friggere

Indicazioni:
1. Stendete la fetta di prosciutto, metteteci una fettina di fontina, una cucchiaiata di carciofini e formate degli involtini chiudendo bene con stuzzicadenti.
2. Passateli nell'uovo sbattuto, pangrattato e friggeteli in abbondate olio caldo, quando sono dorati sono pronti.

84. Pollo alla Valdostana

Preparazione: 30 minuti
Tempo di cottura: 15 minuti
Porzioni: 2
Ingredienti:
- 1 petto di pollo da 280 g
- 2 cucchiai di olio d'oliva
- 1 uovo
- 100 g di fontina valdostana
- Pangrattato
- Sale
- 15 g di burro

Indicazioni:
1. Tagliate a metà il petto di pollo in modo da ricavarne 2 fette.
2. Battete la carne passatela nell'uovo e poi nel pangrattato.
3. Fate scaldare in una padella olio e burro e mettete il pollo impanato e fatelo dorare entrambi le parti per 10 minuti circa.
4. Dopo di che mettete sopra al pollo listarelle di fontina farle fondere a fiamma lenta.
5. Consigliate patatine fritte o insalata mista.

85. Filetto di Coniglio ai Ferri
Preparazione: 25 minuti
Tempo di cottura: 15 minuti
Porzioni: 2
Ingredienti:
- Filetto di coniglio 300 g
- Sale e pepe
- Rametto rosmarino

Indicazioni:
1. Molto semplice, mettete a scaldare la bistecchiera o griglia, appoggiatevi il filetto giratelo aggiungete rosmarino sale e pepe

86. Lingua "che buona"
Preparazione: 1 ora e 50 minuti
Tempo di cottura: 1 ora e 30 minuti
Porzioni: 2
Ingredienti:
- 50 g di burro o margarina
- 1 lingua di vitello
- 1 confezione di trito cipolla, aglio e prezzemolo
- brodo di dado
- sale
- 100 g di olive verdi

Indicazioni:
1. Mettete in una pentola con abbondante acqua salata la lingua e fatela lessare.
2. Poi sgocciolatela, spellatela e tagliatela a fette come se fosse (arrosto).
3. Poi in una padella mettete il soffritto, aggiungete un po' di brodo, mettete le olive ed aggiungete la lingua a fette e terminate la cottura pe 10 minuti

87. Involtini di Carciofi
Preparazione: 60 minuti
Tempo di cottura: 40 minuti
Porzioni: 2
Ingredienti:
- 80 g di provola
- ½ cipolla
- 150 g fette di fesa (sottili)
- 2 carciofi
- 20 g di burro
- 50 g di prosciutto cotto
- Sale e pepe
- Farina
- ½ bicchiere di vino bianco secco

Indicazioni:
1. Battete le fettine di carne ed allargatele, mettetegli sopra prosciutto tagliato a strisce e delle scaglie di formaggio uno spicchio di carciofo e sale.

2. Arrotolate le fettine formando un involtino chiudendole con stecchini, infarinatele e rosolatele con burro e cipolla tritata.
3. Versate il vino bianco e 1 o 2 mestoli di acqua calda e lasciate cuocere per circa 40 minuti a fuoco basso.

88. Braciole di Maiale con Funghi e Panna
Preparazione: 30 minuti
Tempo di cottura: 15 minuti
Porzioni: 2
Ingredienti:
- 5 g di funghi porcini (secchi)
- 2 braciole di maiale
- 25 g di burro
- 25 g di panna
- Un pizzico di sale
- Un rametto di salvia

Indicazioni:
1. Mettete in una scodella con acqua tiepida i funghi per qualche minuto per farli rinvenire.
2. Prendete una padella mettete burro e salvia e fate cuocere le braciole di maiale per circa 5 minuti poi aggiungete i funghi sgocciolati e continuate la cottura.
3. Quando vedete che i funghi sono cotti aggiungete un pizzico di sale e la panna fate cuocere 2/3 minuti e servite.

89. Rotondino di Manzo Affogato
Preparazione: 2 ore
Tempo di cottura: 90 minuti
Porzioni: 2
Ingredienti:
- 400 g di rotondino di coscia (manzo)
- 1 costa di sedano
- 1 carota
- ½ cipolla
- 4 cucchiai di olio d'oliva
- 20 g di burro
- 2 bicchieri di vino bianco (consigliato vino Frascati)
- 1 dado

Indicazioni:
1. Mettete in una casseruola il burro e l'olio aggiungete la carne e fatela rosolare bene in ogni sua parte.
2. Tritate finemente sedano cipolla carota e aggiungetele alla carne unite il dado e il vino bianco e fate evaporare a fuoco alto qualche minuto.

3. Abbassate il fuoco coprite e continuate la cottura per circa 90 minuti. A cottura terminata passate le verdure e unitele al sugo che si è formato fate raffreddare la carne e tagliatela a fette.

90. Spezzatino con Mele
Preparazione: 40 minuti
Tempo di cottura: 30 minuti
Porzioni: 2
Ingredienti:
- 50 g di burro
- 300 g di spezzatino di vitello - ½ mela
- ½ bicchiere di latte
- 1 dado - Farina q.b.

Indicazioni:
1. Sbucciate e tagliate a pezzetti la mela mettetela in una padella con metà della dose di burro e fate soffriggere.
2. Infarinate la carne e mettetela in una padella con il burro rimanente fate rosolare qualche minuto.
3. Passate il soffritto di mela e aggiungetelo alla carne versate il latte, il dado e fate cuocere a fiamma bassa fino a quando il latte sarà evaporato.

91. Vitello Gustoso
Preparazione: 40 minuti
Tempo di cottura: 30 minuti
Porzioni: 2
Ingredienti:
- 50 g di burro
- 300 g di spezzatino di vitello
- ½ cipolla
- qualche cappero
- 1 carota
- 1 ciuffetto di prezzemolo
- ½ gamba di sedano
- ½ bicchiere di vino rosso
- 1 dado
- ½ bicchiere di ketchup
- farina q.b.

Indicazioni:
1. Infarinate la carne e mettetela in una padella con il burro facendola rosolare.
2. Pelate e tritate tutte le verdure versatele assieme alla carne mescolate, unite il vino, il dado e 1 bicchiere d'acqua e fate cuocere a fiamma media per 30 minuti.
3. A cottura terminata aggiungete i ketchup mescolate e servite.

92. Filetto di Manzo con Paprica

Preparazione: 40 minuti
Tempo di cottura: 30 minuti
Porzioni: 2
Ingredienti:

- 150 g di scalogno o (cipolla)
- 400 g di filetto di manzo
- 75 g di panna liquida
- 40 g di burro
- sale - paprica

Indicazioni:

1. Tagliate la carne a fette un po' spesse mettetele in una padella con un po'di burro e fatela cuocere. Quando vedete che si è ben dorata mettete un pizzico di sale e la paprica. Affettate lo scalogno o (cipolla) mettete in una casseruola con il burro e se serve potete aggiungere ½ cucchiaio d'acqua e fate cuocere fino a quando lo scalogno si sarà ammorbidito. A cottura terminata mettete la carne che avete cotto nella casseruola con lo scalogno cotto versate la panna liquida e il piatto è pronto (meglio se servito caldo).

93. Fegato Gustoso

Preparazione: 30 minuti
Tempo di cottura: 20 minuti
Porzioni: 2
Ingredienti:

- 1 cipolla grande
- 5/6 fette di fegato
- 25 g di burro
- 2/3 foglie di salvia
- sale

Indicazioni:

1. Affettate la cipolla e mettetela in una padella con il burro fatela rosolare bene e quando sono ben dorate togliete dal fuoco mettendole da parte facendole riposare 5 minuti.
2. Trascorsi 5 minuti adagiate sopra alla cipolla il fegato, unite la salvia e un pizzico di sale fate cuocere a fuoco medio da entrambi i lati per qualche minuto.
3. Vi consiglio di mangiarlo caldo e appena cotto altrimenti il fegato tende ad indurirsi.

94. Coniglio con Olive

Preparazione: 1 ora
Tempo di cottura: 40 minuti
Porzioni: 2
Ingredienti:

- 1 rametto di rosmarino

- mezzo coniglio
- ½ spicchio d'aglio
- ½ bicchiere di vino bianco secco
- olio extravergine d'oliva q.b.
- 1/2 pomodori
- brodo q b
- sale e pepe
- 15 olive nere snocciolate
- qualche pinolo

Indicazioni:
1. Pulite, lavate il coniglio e tagliatelo a pezzi.
2. Prendete una casseruola mettete l'olio tritate rosmarino e aglio (i pinoli lasciateli interi) fate soffriggere 2/3 minuti poi aggiungete il coniglio.
3. Fate rosolare tutto fino a quando il coniglio si sarà ben dorato e versate il vino.
4. Fate cuocere a fuoco medio coprendo la casseruola aggiungendo poco alla volta il brodo.
5. A metà cottura aggiungete al coniglio i pomodori fatti a pezzetti e le olive.
6. Mettete un pizzico di pepe e se serve salate.

95. Manzo alla Senape

Preparazione: 30 minuti
Tempo di cottura: 15 minuti
Porzioni: 2
Ingredienti:
- 1 cucchiaio di senape
- 4/5 fettine di manzo sottili
- 1 cucchiaio d'olio extravergine d'oliva
- 1 ciuffetto di prezzemolo
- sale e pepe
- 1 cucchiaio di succo di limone

Indicazioni:
1. Portate il forno a 200° di temperatura.
2. Mettete un foglio di carta d'alluminio sulla griglia del forno e adagiatevi sopra la carne facendo cuocere per 5 minuti.
3. Tritate il prezzemolo mettetelo in un recipiente con olio, senape, sale, pepe e il succo di limone sbattendo tutto.
4. Trascorsi 5 minuti togliete la carne dal forno adagiate le fettine di carne in un piatto e spalmatele con la salsina che avete preparato.

96. Costine di Maiale e Verze

Preparazione: 90 minuti
Tempo di cottura: 1 ora
Porzioni: 2
Ingredienti:

- 600 g di verze
- 600 g di costine
- 1 bicchiere di vino bianco secco
- ½ cipolla
- 1 foglia d'alloro
- 3 cucchiai d'olio d'oliva
- sale e pepe
- un rametto di rosmarino

Indicazioni:

1. Lavate, affettate la verza e tagliate a pezzi le costine di maiale.
2. Tagliate molto fine la cipolla mettetele in una padella con olio e fatela soffriggere, quando sarà ben dorata ed appassita aggiungete le costine di maiale, la verza, il sale, pepe e bagnate con il vino bianco secco.
3. Dopo qualche minuto mettete il rosmarino, l'alloro e fate cuocere a fuoco basso con coperchio per circa 1 ora.
4. Ogni tanto mescolate per evitare che si attacchi.

97. Petto di Pollo con Piselli e Prosciutto

Preparazione: 40 minuti
Tempo di cottura: 30 minuti
Porzioni: 2
Ingredienti:

- 60 g di prosciutto cotto a dadini
- 2/3 fette di petto di pollo
- ½ cipolla
- 200 g di piselli (surgelati)
- 20 g di burro
- ½ bicchiere di latte
- sale e pepe
- un po' di rosmarino

Indicazioni:

1. Tagliate finemente la cipolla e mettetela in un tegame con il burro, fate rosolare bene e poi unite il rosmarino ed il petto di pollo.
2. Fate cuocere a fuoco medio girando le fettine per farle rosolare bene in entrambi i lati.
3. Mettete un po' di sale e pepe aggiungete i piselli, il prosciutto e per ultimo il latte.
4. Fate cuocere fino a quando il latte si sarà asciugato (servire caldo).

98. Faraona Ubriaca
Preparazione: 1 ora
Tempo di cottura: 35/40 minuti
Porzioni: 2
Ingredienti:
- 2 fette di pancetta
- mezza faraona (circa 500 g)
- ½ bicchiere di marsala
- ½ bicchiere di brandy
- 15 g di burro
- 1 bicchiere di latte
- sale
- olio q.b.

Indicazioni:
1. Pulite e lavate la faraona e tagliatela a pezzi.
2. Mettete in un tegame abbastanza grande sia il burro che l'olio e adagiatevi la pancetta facendola rosolare.
3. Sistemate i pezzi di faraona e fateli rosolare bene nello stesso tegame della pancetta quando sono ben dorati spruzzate con il brandy facendo evaporare, poi unite il marsala con un pizzico di sale.
4. Coprite il tegame e fate cuocere il tutto aggiungendo poco alla volta il latte fino a completare la cottura.

99. Carne in Pirofila con Gorgonzola
Preparazione: 40 minuti
Tempo di cottura: 30 minuti
Porzioni: 2
Ingredienti:
- 80 g di gorgonzola
- 350 g di fettine tenere (a voi la scelta)
- ½ cipolla - 40 g di farina
- vino bianco
- sale e pepe
- qualche ciuffetto di prezzemolo
- latte
- olio

Indicazioni:
1. Prendete una padella mettete un pochino d'olio tritate la cipolla e fatela rosolare bene.
2. Ora infarinate la carne unitela alla cipolla fatela rosolare da entrambi i lati spruzzate con vino bianco e fate cuocere per 10 minuti.
3. Trascorsi 10 minuti togliete dal fuoco la padella prendete una pirofila ed adagiate le fettine di carne.

4. Tagliate a pezzetti il gorgonzola mettetelo nella padella con il sughino dove avete cotto la carne, aggiungete il prezzemolo tritato un po' di latte facendo sciogliere il tutto e fate cuocere pochi minuti.
5. Versate il composto ottenuto sopra le fette di carne nella pirofila fate cuocere in forno (preriscaldato) per 10/15 minuti.

100. Arrosto Saporito
Preparazione: 40 minuti
Tempo di cottura: 30 minuti
Porzioni: 2
Ingredienti:
- 100 g di latte
- 250 g di fesa di vitello (magro e legato)
- ½ limone
- 20 g di capperi (sotto sale)
- 1/2 cucchiai d'olio d'oliva
- sale

Indicazioni:
1. Mettete un po' d'olio nel tegame e fate rosolare bene l'arrosto in ogni suo lato poi toglietelo dal tegame e versatelo in una pirofila da forno e salate.
2. Lavate e tritate i capperi, pelate il limone tagliandolo a fette unite il latte versando il tutto nella pirofila contenente l'arrosto.
3. Mettete al forno per 30 minuti a 200 °C.
4. A cottura terminata tagliate l'arrosto a fette disponetele in una pirofila, frullando il sughino prodotto in cottura e versate sopra all'arrosto.

101. Hamburger di Carne Tritata
Preparazione: 40 minuti
Tempo di cottura: 20 minuti
Porzioni: 2
Ingredienti:
- 250 g di pomodori maturi
- 250 g di polpa di manzo tritata
- 2 filetti d'acciuga
- ½ mozzarella
- farina q.b.
- sale
- olio q.b.
- origano q.b.

Indicazioni:
1. Prendete la carne tritata formate degli hamburger e infarinateli mettendo un pizzico di sale.

2. Prendete una padella ungete con poco olio e fate dorare gli hamburger da entrambi i lati, tritate i pomodori e versateli sopra agli hamburger, fate cuocere a fuoco medio per 5/10 minuti.
3. Prendete la mozzarella e adagiate una fettina su ogni hamburger aggiungendo anche 1 filetto d'acciuga un po' di origano, qualche cucchiaiata del sughino di pomodori fate cuocere a fiamma bassa fino a quando la mozzarella si scioglie stando attenti a non far attaccare gli hamburger.

102. Filetto con Pepe Verde
Preparazione: 40 minuti
Tempo di cottura: 30 minuti
Porzioni: 2
Ingredienti:
- ½ bicchiere di brandy
- 2 fette di filetto (200 g l'una)
- 20 g di burro
- 1/2 cucchiai d'olio extravergine d'oliva
- mezza confezione di panna da cucina
- 2 cucchiai di pepe verde in grani
- sale

Indicazioni:
1. Prendete i grani di pepe verde schiacciateli e comprimeteli nel filetto da entrambe le parti.
2. Prendete una padella e fate sciogliere l'olio con il burro mettete il filetto e rosolatelo bene da entrambe le parti, fate cuocere per 10 minuti a fiamma bassa.
3. Passati 10 minuti toglietelo dalla padella e mettetelo in un piatto.
4. Usate la stessa padella dove avete cotto il filetto versate il brandy e fate scaldare per qualche secondo, poi versate la panna poco per volta un pizzico di sale e i granelli di pepe verde rimasti, lasciate qualche minuto poi versate la salsa calda sul filetto.

103. Rotolo di Carne
Preparazione: 60 minuti
Tempo di cottura: 45 minuti
Porzioni: 2
Ingredienti:
- 1/2 uova

- 300 g di carne tritata (vitello o maiale)
- 100 g di pelati
- 40 g di grana grattugiato
- sale e pepe - farina q.b.
- 1 ciuffetto di prezzemolo
- un po' di mollica di pane bagnata - olio q.b.

Indicazioni:
1. Mettete in una ciotola la carne tritata unite l'uovo, grana grattugiato la mollica di pane ammorbidita, sale pepe e il prezzemolo tritato.
2. Mescolate tutto assieme formate un rotolo e infarinatelo.
3. Prendete una pentola versate un po' d'olio mettete il rotolo di carne fatelo colorare in tutte le sue parti, poi aggiungete i pelati facendo cuocere il tutto a fuoco basso per circa 40 minuti. A cottura terminata far raffreddare un pochino e tagliate a fette.

- 60 g di fontina
- 75 g di prosciutto cotto
- 1/2 uova
- sale, pepe
- farina q.b.
- pangrattato q.b.
- 100 g di burro

Indicazioni:
1. Prendete le fette di carne battetele per renderle più sottili, adagiate sulla metà della fettina di carne un pezzetto di fontina, la fetta di prosciutto cotto e poi ancora un pezzetto di fontina ricoprite con l'altro lembo di carne piegandola in due (tipo un tramezzino).
2. Infarinate le fette di carne che avete farcito, premendo i lati con le dite per chiuderli bene.
3. Sbattete l'uovo unite un pizzico di sale e pepe, passate le fettine prima nell'uovo e poi nel pangrattato.

104. Cotolette alla Valdostana

Preparazione: 30 minuti
Tempo di cottura: 15 minuti
Porzioni: 2
Ingredienti:
- 400 g di fettine di vitello

4. In una padella fate sciogliere il burro, quando sarà ben caldo posate le fettine di carne facendola rosolare bene da entrambe le parti per circa 4/5 minuti fino a quando risultano ben dorate.
5. Con carta assorbente eliminate l'unto in eccesso e servite calde.

105. Pizzaiola Gustosa
Preparazione: 30 minuti
Tempo di cottura: 15 minuti
Porzioni: 2
Ingredienti:
- 4 pomodori da sugo
- 2 fette di coscia (più o meno 1kg)
- un po' di prezzemolo
- qualche foglia di basilico fresco
- 1 pizzico di origano e sale
- sedano, carota, cipolla
- 100 g di fontina
- 2 capperi
- farina
- olio
- vino bianco secco q.b.

Indicazioni:
1. Prendete tutti i sapori e tritali molto fine metteteli in una padella con l'olio e fateli rosolare.
2. Prendete la carne passatela nella farina e mettetele nella padella con i sapori, spuzzate con vino bianco secco un pizzico di sale e fate rosolare tutto assieme.
3. Quando il vino è evaporato aggiungete i pomodori tagliati a pezzi continuate la cottura per altri 3/4 minuti.

Trascorsi i minuti aggiungete i capperi l'origano la fontina a fette e finite di cuocere per 5 minuti.

106. Cosce di Pollo alla Cacciatora
Preparazione: 1 h
Tempo di cottura: 45 minuti
Porzioni: 2
Ingredienti:
- 200 g di pomodori freschi o pelati
- 400 g di pollo
- 1 rametto di salvia e 1 di rosmarino
- qualche foglia di basilico
- 1 costa di sedano
- ½ cipolla
- 2 foglie d'alloro
- 1 bicchierino di vino bianco secco
- 3/4 cucchiai d'olio d'oliva

- un pizzico di sale

Indicazioni:
1. Pulite e lavate il pollo passandolo sul fuoco per eliminare eventuale peluria.
2. Tritate tutti i sapori metteteli in una padella con po' d'olio e unitevi il pollo facendo rosolare tutto assieme per 5/7 minuti.
3. Quando tutto è ben rosolato aggiungete un pizzico di sale spruzzate con vino bianco secco e fate evaporare, ora unite i pomodori a pezzi.
4. Coprite facendo cuocere per 45 minuti a fiamma bassa.

107. Ossibuchi a Modo Mio

Preparazione: 1h e 30 minuti
Tempo di cottura: 1 h
Porzioni: 2
Ingredienti:

- 20 g di burro - 2 ossibuchi
- ½ bicchiere di vino bianco secco
- farina q.b.
- ½ carota - ½ cipolla
- un pezzetto di sedano
- qualche foglia di prezzemolo
- ½ tazza di brodo
- ½ limone
- ½ spicchio d'aglio
- sale, pepe e noce moscata

Indicazioni:
1. Prendete una casseruola mettete il burro infarinate la carne, fate rosolare da entrambe le parti e poi spruzzate con il vino bianco secco. Lasciate evaporare il vino poi aggiungete alla carne il sale e il pepe, tritate (sedano, carota, cipolla) e versate sopra alla carne coprite facendo cuocere il tutto a fiamma bassa per circa 1h bagnando poco per volta con il brodo.
2. Quando mancano 10 minuti alla cottura tritate l'aglio e il prezzemolo molto fine versatelo sulla carne con aggiunta di buccia di limone grattata e un pizzico di noce moscata e ultimate la cottura.

108. Tacchino Festoso con Peperoni e Patate

Preparazione: 1 h
Tempo di cottura: 45 minuti
Porzioni: 2
Ingredienti:

- 1 peperone rosso e 1 peperone giallo

- 300 g di cosce di tacchino disossate
- 1 rametto di rosmarino
- 2 pomodori maturi
- 2 patate lessate
- 1 spicchio d'aglio
- qualche foglia di basilico fresco
- ½ bicchierino di cognac
- 2 cucchiai d'olio d'oliva
- sale e pepe

Indicazioni:
1. Prendete un tegame mettete un po' d'olio, tagliate il tacchino a pezzi aggiungete l'aglio e il rosmarino, un pizzico di sale e pepe fate rosolare per 15 minuti girando il tacchino per farlo colorare in ogni sua parte.
2. Trascorsi 15 minuti versate il cognac e fatelo evaporare.
3. Pulite i peperoni, lavateli e tagliateli a strisce uniteli al tacchino e fate cuocere per altri 30 minuti a fuoco medio.
4. Quando vedete che i peperoni si sono ammorbiditi aggiungete il pomodoro a pezzetti le foglie di basilico e le patate lessate a pezzi piuttosto spessi, finite la cottura per altri 10/15 minuti.

109. Polpettine Avanzate

Preparazione: 40 minuti
Tempo di cottura: 30 minuti
Porzioni: 2
Ingredienti:
- 50 g di salsiccia
- 250 g di carne lessa avanzata
- 1 cucchiaio di formaggio parmigiano grattato
- 1 uovo
- un po' di mollica di pane (mezzo panino)
- sale e pepe
- un pizzico di noce moscata - olio di semi

Indicazioni:
1. Prendete la salsiccia e privatela del budello, tritate la carne lessa e mettete in un contenitore. Mettete a bagno la mollica di pane poi strizzatela bene unite anche l'uovo con il formaggio ed un pizzico di sale e pepe, poca noce moscate e versate tutto nel contenitore con la carne.
2. Mescolate tutto formando un impasto omogeneo e poi

formate delle polpettine. Mettete dell'olio di semi in una padella fatelo scaldare, fate cuocere le polpettine fino a raggiungere una buona doratura. A cottura terminata mettetele su foglio di carta assorbente per eliminare l'olio in eccesso.

110. Involtini con Formaggio e Zucchine

Preparazione: 35 minuti
Tempo di cottura: 15 minuti
Porzioni: 2
Ingredienti:

- 4/6 fettine di carne sottile (può andar bene sia di vitello che tipo carpaccio)
- 150 g di formaggio (Philadelphia)
- ½ zucchino - sale e pepe
- olio d'oliva - 30 g di burro
- qualche foglia di salvia
- farina

Indicazioni:
1. Prendete il formaggio e grattate le zucchine, salate mettete un pizzico di pepe e mescolate tutto assieme formando una crema.
2. Allargate le fettine di carne spalmate sopra la crema mantenendo un po' di spessore poi arrotolatele passatele nella farina formando un involtino. Prendete una padella mettete sia olio che burro, la salvia tritata e fate scaldare (senza soffriggere) poi adagiate gli involtini e fate cuocere a fiamma bassa per 15 minuti girandoli ogni tanto per farli insaporire in ogni parte.

111. Insalata di Pollo Orientale

Preparazione: 45 **Tempo di cottura:** 30 **Porzioni:** 2
Ingredienti:

- 1 peperone
- 200 g petto di pollo lessato
- ½ pomodoro
- ½ confezione di yogurt magro - un pizzico di curry - 4 cucchiaiate di riso lessato

Indicazioni:
1. Prendete una pentola d'acqua e fate lessare il pollo 20 minuti, fate la stessa cosa ma metteteci il riso per 15 minuti in modo che entrambi siano lessati.

2. Tagliate a dadini il pollo lessato, i peperoni ed il pomodoro ed unite il tutto al riso.
3. Mescolate yogurt e curry e versatelo sopra all'insalata.

112. Fesa di Tacchino con Piselli
Preparazione: 30 minuti
Tempo di cottura: 15 minuti
Porzioni: 2
Ingredienti:
- 4 fettine di fesa di tacchino
- 100 g di piselli (anche surgelati)
- 1 uovo
- olio d'oliva q.b.
- pangrattato
- una noce di burro
- ½ pomodoro
- sale

Indicazioni:
1. Mettete in una padella il burro e fate rosolare i piselli e fateli cuocere per circa 15 minuti.
2. Tritate il pomodoro ed aggiungetelo ai piselli prima che terminano la cottura.
3. Prendete le fettine di tacchino, impanatele e fatele cuocere, poi deponete in un piatto insieme al suo contorno.

113. Arrosto con Senape
Preparazione: 4 ore
Tempo di cottura: 40 minuti
Porzioni: 2
Ingredienti:
- 400 g di manzo
- la scorza di uno o due limoni
- ½ cipolla
- una foglia d'alloro
- 2 cucchiaini di senape dolce
- sale e pepe
- 2 cucchiai di olio d'oliva

Indicazioni:
1. Mescolate insieme olio, senape, sale, pepe ed unitelo alla cipolla, scorza di limone e foglia di alloro precedentemente tritate.
2. Mettete questo composto in un recipiente con la carne che lasciate marinare per 3 ore circa. (giratela spesso)
3. Mettete la carne in una casseruola e poi versateci sopra la sua marinatura, fate cuocere per 20 minuti a fuoco moderato.

4. Accendete il forno a 180 °C e continuate la cottura dell'arrosto per 20 minuti.

114. Carne della Romagna

Preparazione: 3 ore ½
Tempo di cottura: 3 ore
Porzioni: 2
Ingredienti:

- 400 grammi di polpa tenera - 1 spicchio d'aglio
- 300 g di cipolle
- olio d'oliva - sale

Indicazioni:
1. Affettate cipolle ed aglio finemente, fatele rosolare con olio.
2. Aggiungete la carne nella casseruola della cipolla coprite con coperchio e fate cuocere con fuoco medio per circa 3 ore (mescolando).
3. Quando la carne è pronta tagliatela a fettine e ricoprite con la salsa di cipolla.

115. Scaloppine di Modena

Preparazione: 30 minuti
Tempo di cottura: 15 minuti
Porzioni: 2
Ingredienti:

- 250 di fettine di vitello
- 1 cucchiaio ½ di grappa
- 50 g di prosciutto cotto
- Pangrattato
- 20 g di burro
- 80 g di provola
- Sale, pepe ed olio

Indicazioni:
1. Prendete una teglia e fate fondere il burro.
2. Battete le fettine di vitello e fatele rosolare nella teglia, cospargetele di sale e pepe e quando sono cotte bagnatele con la grappa.
3. Posate sopra ad ogni fettina di vitello il prosciutto cotto, scaglie di formaggio e pangrattato con filo d'olio.
4. Mettere in forno per qualche minuto.

116. Lingua al Marsala

Preparazione: 2 ore ½
Tempo di cottura: 2 ore e 20 minuti
Porzioni: 2
Ingredienti:

- 2 cipolle
- ½ k di lingua di vitello
- 1 spicchio d'aglio
- ½ bicchiere di marsala (secco)
- olio
- sale

- 2 foglie di salvia
- 2 foglie di alloro
- chiodi di garofano
- 3 cucchiai di salsa di pomodoro
- Un ciuffetto di prezzemolo
- 1 gambo di sedano

Indicazioni:
1. Prendete una pentola e mettete gli aromi, la lingua di vitello, infilzate nella cipolla 4 o 5 chiodi di garofano e fate lessare il tutto per circa 2 ore.
2. Tritate aglio e cipolla e fate rosolare, dopo di che aggiungete il pomodoro, il marsala e salate, coprite con un coperchio e cucinate per 12 minuti circa.
3. Quando la lingua è pronta lasciatela raffreddare e tagliatela a fette, adagiatela in un piatto da portata e coprite con salsa.

117. Arrosto di Cotechino

Preparazione: 1 ora ½
Tempo di cottura: 1 ora
Porzioni: 2
Ingredienti:
- 1 cotechino piccolo precotto
- 1 fetta di fesa di vitello da 1cm
- 1 spicchio d'aglio
- 130 g di spinaci surgelati
- 40 g di burro
- 4 fette di fontina
- 1 bicchiere di vino bianco (secco)
- Rosmarino - Sale e pepe

Indicazioni:
1. Tagliuzzate gli spinaci e saltateli in padella con un po' di burro.
2. Allargate la fetta di fesa e mettete gli spinaci, le fette di fontina ed il cotechino spellato.
3. Fate una specie di involtino, arrotolatelo e legatelo con spago da cucina.
4. Fatelo rosolare in una casseruola con un po' di burro aglio e rosmarino, quando vedete che è ben rosolato salate, pepate e versategli sopra il bicchiere di vino, continuate a cuocere per circa 1 ora a fiamma bassa.

118. Brasato di Manzo

Preparazione: 3 ore
Tempo di cottura: 3 ore
Porzioni: 2
Ingredienti:
- 1 carota

- 20 g di funghi secchi
- 1 cipolla
- 1 gambo di sedano
- 15 g di burro
- sale e pepe
- 1 cucchiaio di olio
- ¼ di vino rosso
- 450 g di carne di manzo (polpa)

Indicazioni:
1. Mettete in una casseruola olio, burro e la carne di manzo legata come se fosse un arrosto, lasciatela dorare e poi aggiungete sale pepe e cipolla tritata.
2. Quando vedete che è ben colorita aggiungete il vino e lasciate evaporare, poi cipolla e sedano tagliati a pezzetti, coprite la carne con acqua, mettete coperchio e fate cuocere per 3 ore circa a fiamma moderata.
3. Prima del termine della cottura circa (20 minuti) mettete dentro alla casseruola anche i funghi che a sua volta sono stati prima ammollati e strizzati.
4. A cottura terminata tagliate a fette il brasato e cospargetegli sopra il sughetto creato nella casseruola.

119. Carne Semplice

Preparazione: 1 ora
Tempo di cottura: 1 ora
Porzioni: 2
Ingredienti:
- 300 g di vitello (polpa)
- farina bianca q.b.
- sale
- 40 g di burro
- ½ bicchiere di latte
- ½ l di brodo
- 1 limone

Indicazioni:
1. Mettete in una casseruola il burro e fate rosolare la carne, aggiungendo un po' alla volta il brodo.
2. Continuate così per 1 ora circa verso la fine aggiungete il latte e la farina.
3. Una volta fredda si taglia a fette e si cosparge sopra la salsina creatasi nella cottura con una giunta di succo di limone

120. Fegato e Piselli

Preparazione: 30 minuti
Tempo di cottura: 20 minuti
Porzioni: 2
Ingredienti:

- 120 g di piselli surgelati
- 180 g fegato di vitello
- sale
- 2 foglie di salvia
- 25 g di burro

Indicazioni:

1. Mettete in una casseruola burro, salvia e piselli scongelati rosolate il tutto pochi minuti, poi aggiungete ½ bicchiere d'acqua coprite, fate cuocere per 15 minuti a fuoco basso.
2. Nel frattempo avrete tagliato il fegato a strisce, mettetelo insieme ai piselli e lasciate cuocere per 3 minuti.

Capitolo 4

Secondi di Pesce

121. Moscardini Tenaci
Preparazione: 30 minuti
Tempo di cottura: 20 minuti
Porzioni: 2
Ingredienti:
- 350 g di moscardini
- 1 pomodoro
- 1 rametto di rosmarino
- 1 spicchio d'aglio
- 2 cucchiai d'olio
- sale

Indicazioni:
1. Pulite e lavate i moscardini, metteteli in una casseruola insieme allo spicchio d'aglio, rosmarino, pomodoro pelato, olio e sale.
2. Mettete coperchio e lasciate cuocere per 15 minuti a fiamma media.

122. Insalata di Moscardini
Preparazione: 30 minuti
Tempo di cottura: 15 minuti
Porzioni: 2
Ingredienti:
- 400 g di moscardini
- 1 spicchio d'aglio
- 1 ciuffo di prezzemolo
- ½ limone
- 2 cucchiai olio di oliva
- sale e pepe
- 2 cucchiai di aceto bianco

Indicazioni:
1. Pulite e lavate bene i moscardini, metteteli in una casseruola con acqua salata, aceto bianco e fateli lessare per 15 minuti, scolateli e fateli raffreddare
2. Tritate bene aglio e prezzemolo, aggiungete olio, sale e pepe, amalgamate il tutto per creare il condimento.
3. Condite i moscardini e mettete in frigorifero per almeno 60 minuti prima di servire.

123. Palombo Infilzato
Preparazione: 1ora ½
Tempo di cottura: 20 minuti
Porzioni: 2
Ingredienti:
- 300 g di palombo

- 3 cucchiai di olio extravergine d'oliva
- 1 cipolla
- 1 limone
- un ciuffo di prezzemolo
- 1 foglia di alloro
- 3 pomodori maturi

Indicazioni:
1. Togliete la pelle scura e dura del palombo, tagliateli a pezzetti e metteteli in una ciotola.
2. Frullate ½ limone con la cipolla e la foglia di alloro, salate e versatelo sul pesce, mescolate bene e ponete il tutto coperto in frigorifero per almeno 50 minuti.
3. Tagliate a fettine togliendo i semi ai pomodori ed al limone
4. Nel frattempo che preparate gli spiedini scaldate il forno a 200 °C
5. Aggiungete un trito di prezzemolo alla marinatura e cominciate a preparare gli spiedini alternandone i pezzi, palombo, limone e pomodori.
6. Sistemateli in una teglia unta e spennellateli con la marinatura di tanto in tanto, fate cuocere in forno per 15 minuti.

124. Trota al Sale
Preparazione: 40 minuti
Tempo di cottura: 30 minuti
Porzioni: 2
Ingredienti:
- 1 trota salmonata da 700 g
- Sale grosso in abbondanza

Indicazioni:
1. Pulite la trota con accuratezza, lavatela ed asciugatela.
2. Mettete in una pirofila un centimetro di sale grosso sul fondo, (come creare un letto di sale), posate la trota sopra, ricopritela di altro sale grosso e mettete la pirofila nel forno già caldo a 250 °C per 30 minuti.

125. Sogliole Ripiene
Preparazione: 35 minuti
Tempo di cottura: 20 minuti
Porzioni: 2
Ingredienti:
- 100 g di gamberetti
- 80 g di funghi freschi
- 80 g di piselli surgelati
- 4 filetti di sogliola
- 1 peperoncino
- 1 cipolla piccola
- 1 ciuffo di prezzemolo
- sale e pepe
- ½ bicchiere di vino bianco
- 2 uova

- 1 cucchiaio di farina
- 1 cucchiaio di olio d'oliva
- 30 g di burro
- 50 g di pangrattato
- latte q.b.

Indicazioni:
1. Fate un trito di ½ cipolla, prezzemolo, peperoncino e metteteli in una ciotola insieme al pangrattato, mettete i gamberetti sgusciati, un tuorlo d'uovo, burro fuso ed un pizzico di sale, mescolate bene e mettetene un pochino su ogni filetto di sogliola, arrotolandola come uno spiedino e fermarla con stuzzicadenti.
2. Metteteli in una teglia, ungeteli con burro fuso e fate cuocere in forno per 18 minuti a 180 °C.
3. Pulite ed affettate i funghi e fateli cuocere con un goccio di olio d'oliva.
4. Fate cuocere anche i piselli ed il resto della cipolla con un goccio di olio d'oliva creando una salsina, sciogliete in un tegamino il burro, farina, un uovo, vino bianco, latte, sale e pepe.
5. Quando gl'involtini sono pronti serviteli con la salsina preparata, con funghi e piselli.

126. Trota alla Brace

Preparazione: 35 minuti
Tempo di cottura: 25 minuti
Porzioni: 2
Ingredienti:
- 1 trota g 800
- 3 pomodori maturi
- 1 cipolla grande
- 1 cucchiaio di paprica in polvere
- sale e pepe
- olio

Indicazioni:
1. Lavate e pulite il pesce togliendo interiora e lisca centrale tenendolo aperto strofinate entrambi le parti con sale e pepe ed adagiatelo sulla brace tenendo la pelle rivolta verso l'alto.
2. In una padella unta d'olio mettete i pomodori tagliati a pezzi, la cipolla tritata o a fette, aggiungete un bicchiere d'acqua e fate cuocere per 20 minuti, a metà cottura aggiungete la paprica.

3. Rigirate il pesce con la pelle verso la brace, e condite la parte della polpa con la salsa preparata lasciandolo cuocere ancora per 10 minuti.

127. Salmone in Umido
Preparazione: 25 minuti
Tempo di cottura: 15 minuti
Porzioni: 2
Ingredienti:
- 4 tranci di salmone
- 1 cucchiaio di olio d'oliva
- 1 cucchiaio di burro
- farina q.b.
- ½ bicchiere di vino bianco (secco)
- 1 spicchio d'aglio
- ½ cipolla
- sale e pepe
- un ciuffetto di prezzemolo

Indicazioni:
1. Infarinate i tranci con farina e dorateli con olio bollente e burro.
2. Tritate aglio e prezzemolo e metteteli in una casseruola insieme alla cipolla tagliata a fette e fate rosolare. Quando il soffritto è pronto aggiungete i tranci di salmone, bagnateli con vino bianco e una spruzzata di pepe.

128. Seppioline Ubriache
Preparazione: 45 minuti
Tempo di cottura: 30 minuti
Porzioni: 2
Ingredienti:
- 200 g di seppioline surgelate
- 1 bicchiere di vino bianco
- 200 g di patate novelle
- olio d'oliva q.b.
- 25 g di burro
- Sale e pepe

Indicazioni:
1. Mettete in una pentola di acqua salata le patate e fatele cuocere per 30 minuti. Fate rosolare le seppioline in una padella con olio per 5 minuti, poi aggiungete vino bianco, sale e pepe e lasciatele ancora per qualche minuto sul fuoco.
2. Adagiate le seppioline con patate in una pirofila, fate sciogliere il burro in un pentolino e versateglielo sopra.

129. Merluzzo di Zio Santuzzo e Yogurt
Preparazione: 40 minuti
Tempo di cottura: 30 minuti
Porzioni: 2
Ingredienti:
- 200 g di filetto di merluzzo

- 1 conf. Yogurt magro
- 2 limoni
- 1 mazzetto di cicoria
- peperoncino q.b.
- sale e pepe

Indicazioni:
1. Lavate la cicoria e tagliatela a strisce.
2. Spruzzate il succo di limone sopra al merluzzo e fatelo cuocere a vapore per 10 minuti circa.
3. Prendete lo yogurt, succo di limone, sale, pepe e qualche pezzetto di peperoncino, mescolate il tutto creandone una salsina.
4. Mettete su una pirofila il filetto cotto, decoratelo con le strisce di cicoria e versategli sopra la salsina preparata.

130. Seppie e Carciofi
Preparazione: 40 minuti
Tempo di cottura: 25 minuti
Porzioni: 2
Ingredienti:
- 500 g di seppie
- 2 carciofi
- 1 spicchio d'aglio
- ½ cipolla
- olio q.b.
- sale e pepe
- un ciuffetto di prezzemolo tritato

Indicazioni:
1. Pelate l'aglio, mettetelo in una casseruola con olio e fatelo rosolare,
2. Lavate ed affettate le seppie aggiungetele nella casseruola con l'aglio, salate e pepate facendo cuocere per 10 minuti, se necessita allungare con goccio d'acqua.
3. In una padella con olio mettete la cipolla tritata, i carciofi puliti e tagliati a fette, fateli cuocere al dente e completate la cottura nella casseruola delle seppie.
4. A cottura terminata insaporite il tutto con sale, pepe e prezzemolo tritato, lasciate riposare per qualche minuto e servite.

131. Calamari in Umido
Preparazione: 1 ora
Tempo di cottura: 1 ora
Porzioni: 2
Ingredienti:
- 300 g di patate
- 550 g di calamari
- 150 g di salsa di pomodoro
- un ciuffo di prezzemolo

- 1 cipolla
- 1 bicchiere di vino bianco
- qualche fogliolina di basilico
- sale e pepe
- olio d'oliva

Indicazioni:
1. Tagliate le patate a pezzetti.
2. Mettete in una casseruola un po' d'olio e fate rosolare la cipolla tagliata sottile.
3. Lavate ed asciugate i calamari e tagliateli a pezzetti non troppo piccoli aggiungeteli alla casseruola con cipolla, mettete la passata di pomodoro, vino bianco, sale e pepe e fate cuocere per 10 minuti.
4. Unite le patate ai calamari, mettete coperchio e lasciateli cuocere per altri 45 minuti, (tenete mescolato e se necessita aggiungere un po' d'acqua).
5. Verso fine cottura aggiungere prezzemolo tritato e qualche foglia di basilico.

132. Baccalà e Latte

Preparazione: 20 minuti
Tempo di cottura: 4 ore
Porzioni: 2
Ingredienti:
- olio d'oliva
- ½ l di latte
- 300 g di baccalà

Indicazioni:
1. Lavate accuratamente il baccalà e lasciatelo per una notte immerso nell'acqua.
2. Risciacquate il baccalà e lessatelo per pochi minuti, scolatelo e mettetelo in una teglia unta d'olio, coprite il tutto con il latte e fatelo cuocere a fuoco lento per 4 ore.

133. Orata ai Ferri

Preparazione: 5 minuti
Tempo di cottura: 3 minuti
Porzioni: 2
Ingredienti:
- 2 fette di orata (ameno 200 g cadauna)
- sale e pepe

Indicazioni:
1. Fate scaldare una bistecchiera o una padella antiaderente sul fuoco.

2. Una volta che è ben calda adagiate delicatamente il pesce e giratelo lentamente, in 3 minuti è cotto, mettete sale e pepe a vostro piacimento.

134. Totani Ripieni
Preparazione: 1 ora
Tempo di cottura: 45 minuti
Porzioni: 2
Ingredienti:
- 200 g di pomodori maturi
- 50 g di ricotta
- 4 totani
- 1 foglia di alloro
- 1 carota
- 1 gambo di sedano
- sale e pepe
- ½ cipolla
- 1 spicchio d'aglio
- 1 cucchiaio di grana
- 1 uovo
- 50 g di prosciutto
- 25 g di prezzemolo
- 25 g di burro - olio d'oliva

Indicazioni:
1. Pulite accuratamente i totani lavateli e fateli scolare.
2. Tritate prosciutto, prezzemolo, spicchio d'aglio, unite la ricotta schiacciata, uovo, grana, sale, pepe e mescolate tutto.
3. Fate rosolare in una casseruola con burro ed olio, la carota e sedano tritati, la cipolla tagliatela a fette sottili.
4. Riempite i totani con il composto del punto 2 e cucite l'apertura del totano.
5. Mettete nella casseruola del soffritto e fateli rosolare per 10 minuti dopo di che aggiungete pomodori tagliati a tocchetti, sale, pepe, alloro, burro e copriteli, completate la cottura per 40 minuti.

135. Caciucco all' Italiana
Preparazione: 1 ora
Tempo di cottura: 45 minuti
Porzioni: 2
Ingredienti:
- 600 g di pesce (triglie, polpo, seppie, nasello, granchi)
- 2 spicchi d'aglio
- 2 pomodori
- 1 cipolla
- un pezzetto di peperoncino rosso
- polpa di limone
- ciuffo di prezzemolo
- 3 cucchiai di olio
- 1 bicchiere di vino rosso

- sale e pepe
- ½ cucchiaino di zafferano

Indicazioni:
1. Pulite i pesci, tagliateli a pezzi.
2. Fate soffriggere nell'olio l'aglio schiacciato, le cipolle tagliate a fette quando sono colorate aggiungete i polpi e le seppie e fate cuocere per 20 minuti.
3. Trascorso il tempo aggiungete l'altro pesce, bagnateli con il vino rosso e fatelo evaporare, mettete pomodori, limone, peperoncino, sale e pepe coprite tutto con acqua calda e fate cuocere per 15 minuti, aggiungete lo zafferano che avete fatto sciogliere in acqua con prezzemolo tritato.
4. Continuate a far bollire il caciucco per altri 8 minuti e versatelo in una ciotola.

136. Nasello con Latte
Preparazione: 30 minuti
Tempo di cottura: 20 minuti
Porzioni: 2
Ingredienti:
- 4 tranci di nasello
- qualche foglia di salvia
- 25 g di burro
- un rametto di rosmarino
- sale e pepe
- latte

Indicazioni:
1. Prendete una padella e fate rosolare il nasello da entrambi le parti, con burro, sale, pepe, rosmarino, salvia e coprite il tutto con il latte.
2. Fate cuocere a fuoco basso fino a che il latte sia completamente assorbito, (mescolate delicatamente)

137. Sgombro con Mirto
Preparazione: 25 minuti
Tempo di cottura: 7 minuti
Porzioni: 2
Ingredienti:
- 400 grammi di sgombri freschi o surgelati.
- 1 spicchio d'aglio
- olio d'oliva
- 1 bicchierino di liquore al mirto
- sale e pepe

Indicazioni:
1. Se usate gli sgombri freschi dovete pulirli accuratamente togliendogli le interiora e la lisca, sciacquateli ed asciugateli.

2. Accendete forno a 200 °C
3. Metteteli in una pirofila unta d'olio con la pelle verso il basso, distribuitegli sopra pepe nero, fettine sottili d'aglio, sale e infornate per 5 minuti, dopo di che spruzzate il mirto sopra al pesce e rimettete in forno per altri 2 minuti.

138. Polpi Gustosissimi
Preparazione: 50 minuti
Tempo di cottura: 35 minuti
Porzioni: 2
Ingredienti:
- 450 g di polpi
- alloro
- 1 cipolla
- 1 pomodoro
- prezzemolo
- 1 bicchiere di vino bianco (secco)
- sedano
- sale e olio

Indicazioni:
1. Tritate ciuffo di prezzemolo, pomodoro e rosolate in una padella con poco olio ed un pizzico di sale per qualche minuto a fuoco basso.
2. Lessate i polpi con cipolla, alloro, sedano e prezzemolo.
3. Scolate i polpi, tagliateli sottili, metteteli nella padella del soffritto e versate vino bianco facendoli cuocere per 20 minuti a fuoco lento.

139. Gamberoni Grigliati
Preparazione: 1 ora
Tempo di cottura: 7 minuti
Porzioni: 2
Ingredienti:
- 1 limone - 12 gamberoni
- 1 spicchio d'aglio
- Un ciuffo di prezzemolo
- 1 bicchiere olio d'oliva
- sale e pepe
- ½ bicchierino di brandy

Indicazioni:
1. Lavate ed asciugate i gamberoni e disponeteli in una pirofila versategli sopra il trito di prezzemolo, aglio, olio d'oliva, sale, pepe e brandy, fatelo marinare per un'ora.
2. Sgocciolate i gamberi e infilzateli con degli spiedini di metallo, adagiateli sulla griglia calda fate cuocere da entrambi i lati per 5 minuti.

140. Orata al Limone

Preparazione: 1 ora
Tempo di cottura: 35 minuti
Porzioni: 2
Ingredienti:

- 2 limoni freschi
- 500 g d'orata
- ½ cucchiaino di paprica dolce - un bicchiere d'olio
- un cucchiaio di semi di finocchio - sale e pepe

Indicazioni:

1. Lavate i limoni e tagliateli a fettine sottili tenendo la buccia, adagiateli sul fondo della pirofila unta d'olio, metteteci l'orata che precedentemente avete squamato e pulito, salatela e strofinate sia dentro che fuori con paprica, cospargetela ancora con semi di finocchio e ricoprite con un altro strato di fettine di limone, un goccio d'olio.
2. Mettete in forno a 200 °C per 40 minuti.

141. Cozze Gratinate

Preparazione: 25 minuti
Tempo di cottura: 15 cottura
Porzioni: 2
Ingredienti:

- 1 cucchiaio di parmigiano grattugiato
- 1 uovo
- 400 g di cozze
- 200 g di funghi champignon
- 1 spicchio d'aglio
- un ciuffetto di prezzemolo tritato
- sale e pepe - olio

Indicazioni:

1. Raschiate le cozze sciacquandole bene sotto l'acqua, versatele in una pentola alta con aglio, olio e un pochino di prezzemolo (tritato) e fatele aprire.
2. Tritate il prezzemolo e funghi, unite l'uovo, un po' di sale, pepe e parmigiano grattugiato, mescolate bene, fino ad ottenere una crema.
3. Eliminate i gusci vuoti delle cozze, riempiteli con la crema ottenuta prima, ed adagiatele in una teglia con un filo d'olio, fate cuocere in forno a 200 °C per 10 minuti.

142. Sogliola al Vino Bianco

Preparazione: 30 minuti
Tempo di cottura: 20 minuti
Porzioni: 2
Ingredienti:

- farina

- 2 sogliole
- ciuffo di prezzemolo
- 1 bicchiere di vino bianco (secco)
- 50 g di scalogno
- timo
- 1 foglia di alloro
- sale e pepe
- 25 g di burro
- 100 g di panna

Indicazioni:
1. Cospargete una pirofila di burro, adagiate le sogliole dopo averle lavate asciugate ed infarinate, condite con sale pepe e lo scalogno tritato.
2. Fate sciogliere del burro e versatelo sopra, versate anche il vino bianco, aggiungete prezzemolo, timo ed alloro e ricoprite il tutto con panna.
3. Mettete la pirofila nel forno per 20 minuti a 200 °C.

143. Baccalà Veneto
Preparazione: 30 minuti
Tempo di cottura: 20 minuti
Porzioni: 2
Ingredienti:
- 50 g di acciughe sotto sale
- 1 spicchio d'aglio
- 1 cipolla piccola
- 300 g di stoccafisso bagnato
- 1 ciuffo di prezzemolo
- 30 g di farina
- ½ l di latte
- 2 cucchiai d'olio
- 20 g di burro

Indicazioni:
1. Spellate e lavate lo stoccafisso, togliete le lische, tagliatelo a pezzi, infarinatelo ed adagiatelo in un tegame.
2. Mettete in una padella dell'olio e fate dorare la cipolla e l'aglio, schiacciateli ed aggiungete le acciughe, versate il latte ed il burro, portate a bollore e poi spargetelo sul baccalà.
3. Mettetelo nel forno per 20 minuti a 200 °C.

144. Sogliola Dorata al Curry
Preparazione: 20 minuti
Tempo di cottura: 8 minuti
Porzioni: 2
Ingredienti:
- 1 uovo
- 1 cucchiaino di curry
- farina
- olio
- pangrattato
- sale e pepe

- 2 filetti di sogliola

Indicazioni:
1. Sbattete le uova con sale e pepe.
2. Appiattite i filetti e versateci sopra il curry, infarinateli, passateli nel uovo e pangrattato per una buona impanatura.
3. Scaldate olio per friggere ed immergete i filetti e fateli dorare da entrambi le parti

145. Branzino al Forno
Preparazione: 45 minuti
Tempo di cottura: 30 minuti
Porzioni: 2
Ingredienti:
- 1 branzino
- 80 grammi di olio d'oliva
- 400 g di olive verdi o nere snocciolate
- aceto
- sale

Indicazioni:
1. Pulite bene il branzino togliendogli le squame e le interiora, lavatelo ed internamente lo salate.
2. Prendete una pirofila cospargetela d'olio e mettete al suo interno il branzino, spruzzateci sopra po' di aceto, salatelo e ricopritelo con olive tagliate a rondelle.
3. Mettete nel forno per 30 minuti a 150 °C

146. Sgombro Colorato
Preparazione: 45 minuti
Tempo di cottura: 30 minuti
Porzioni: 2
Ingredienti:
- 300 g di carote
- 1 ciuffo di prezzemolo
- 300 g di sgombro in scatola
- 1 cucchiaio di aceto
- 1 cucchiaio di senape
- 1 cucchiaio di sale grosso
- sale
- 3 cucchiai di olio d'oliva

Indicazioni:
1. Pulite le carote e mettetele a bollire con acqua e sale grosso per circa 30 minuti, poi quando si stanno raffreddando tagliatele a rondelle, mettetele in una ciotola e aggiungete prezzemolo tritato, sale, olio d'oliva, aceto e senape.
2. Mettete il tutto in piatto piano cercando di coprire tutta la superfice e posateci sopra i tronchetti di sgombro.

147. Panna e Cozze

Preparazione: 25 minuti
Tempo di cottura: 10 minuti
Porzioni: 2
Ingredienti:
- 200 g di salsa di pomodoro
- 1 kg di cozze
- 1 cipolla
- 1 bicchiere di olio d'oliva
- 4 fette di pane in cassetta
- 1 conf. di panna
- sale e pepe

Indicazioni:
1. Prendete una pentola grande e mettete dell'olio, fate soffriggere la cipolla tagliata a fette ed appena è dorata versate la salsa di pomodoro e fate raggiungere il bollore.
2. Nel frattempo pulite molto bene le cozze raschiando il guscio ed aggiungetele nella pentola.
3. Fate dei crostini con il pane in cassetta tagliandolo a pezzetti e mettendolo nel forno.
4. Quando le cozze si sono aperte, pepatele ed aggiungeteci la panna e mescolate energicamente.

148. Tonno Incapperato

Preparazione: 15 minuti
Tempo di cottura: 4 minuti
Porzioni: 2
Ingredienti:
- una manciata di capperi
- 200 g di tonno sottolio
- Aceto
- sale e pepe
- un po' di prezzemolo

Indicazioni:
1. Prendete una padella e mettete i capperi tritati, prezzemolo, tutto il tonno compreso olio, sale e pepe e fate cuocere per 4 minuti.

149. Pesce e Verdure

Preparazione: 45 minuti
Tempo di cottura: 26 minuti
Porzioni: 2
Ingredienti:
- 50 g di funghi freschi
- 1 ciuffo di prezzemolo
- 1 peperone verde
- 1 costa di sedano
- sale e pepe
- 6 olive nere
- olio
- 1 carota
- 1 cipolla grande
- 200 g di pomodori maturi
- 2 bei tranci di pesce

Indicazioni:
1. Prendete una teglia ed ungetela, fate uno strato di cipolle a fette, fate un altro strato di polpa di pomodoro ed adagiate sopra i due tronchetti di pesce, salate, pepate e mettete a cuocere in forno a 150 °C per 13 minuti.
2. Preparate un trito di: cipolla, funghi, carota, sedano, olive, prezzemolo e peperone.
3. Passati i 13 minuti mettete sul pesce il trito preparato, un filo d'olio d'oliva sale e pepe, rimettete in forno per altri 13 minuti.

150. Merluzzo alle Erbette
Preparazione: 25 minuti
Tempo di cottura: 10 minuti
Porzioni: 2
Ingredienti:
- ½ cipolla
- timo
- 1 ciuffetto di prezzemolo
- 250 g di filetto di merluzzo
- maggiorana
- aceto
- sale e pepe
- olio d'oliva
- succo di limone

Indicazioni:
1. Prendete una pentola d'acqua, salatela ed aggiungete un goccio di aceto, immergete il merluzzo, portate ad ebollizione con fiamma bassa per 10 minuti e lasciatelo raffreddare nella stessa acqua.
2. Preparate un trito con metà cipolla, timo, prezzemolo e maggiorana, l'altra metà cipolla la tagliate a fette sottili.
3. Sgocciolate accuratamente il pesce, adagiatelo in una pirofila a tocchetti e mettetegli sopra la cipolla tagliata a fette, olio, succo di limone, sale, pepe ed il trito preparato.

151. Involtini di Pesce
Preparazione: 30 minuti
Tempo di cottura: 20 minuti
Porzioni: 2
Ingredienti:
- 1 cucchiaio di olio d'oliva
- 1 uovo
- 1 cucchiaio di pangrattato
- 1 ciuffo di prezzemolo
- ½ bicchiere di brodo
- 30 g di burro
- 1 verza piccola

- 1 spicchio d'aglio
- Sale e pepe
- Pesce misto per fare la zuppa

Indicazioni:
1. Fate lessare il pesce per 5 minuti in acqua salata.
2. Pulite la verza e prendete le foglie interne essendo più tenere e fate lessare anche loro in acqua bollente salata per 8 minuti.
3. Una volta che il pesce è lessato spezzettatelo ed aggiungendoci uovo sbattuto, sale, pepe, aglio e prezzemoli tritati ed impastate il tutto.
4. Adagiate su un piano di lavoro le foglie aperte e metteteci il ripieno all'interno, avvolgetele e fermatele con stecchini.
5. Prendete una padella con un po' d'olio e burro e fateli rosolare da entrambi le parti, aggiungete un po' di brodo e fateli cuocere per 12 minuti circa, prima del termine della cottura aggiungete pangrattato, pizzico di sale e pepe.
6. Prima di togliere involtini aspettate che il sughetto si sia un po' raddensato, dopo di che metteteli in un piatto e cospargeteli del proprio sughetto.

152. Gamberetti e Zafferano

Preparazione: 20 minuti
Tempo di cottura: 5 minuti
Porzioni: 2
Ingredienti:
- ½ bustina di zafferano
- 200 g di gamberetti sgusciati (vanno bene anche surgelati)
- 5 olive verdi snocciolate
- un goccio di olio d'oliva
- 1 spicchio d'aglio

Indicazioni:
1. Fate sciogliere lo zafferano in goccio d'acqua tiepida, nel frattempo fate bollire i gamberetti in acqua salata per 5 minuti.
2. Frullate olive, aglio un goccio d'olio ed aggiungete lo zafferano e mescolate il tutto creando una salsina.

3. Scolate bene i gamberetti metteteli in una ciotola e ricopriteli con la salsina, mettete tutto in frigorifero per circa 1 ora ½.

153. Fagioli e Calamari
Preparazione: 30 minuti
Tempo di cottura: 20 minuti
Porzioni: 2
Ingredienti:
- 1 cipolla - 1 carota
- 1 gambo di sedano
- 1 scatola di fagioli spagnoli
- 1 kg di calamari (freschi o surgelati)
- ½ cucchiaio di pasta di acciughe - succo di limone
- 1 ciuffetto di prezzemolo
- 4 foglie di basilico
- 1 spicchio d'aglio
- sale e pepe
- olio d'oliva q.b.

Indicazioni:
1. Prendete una pentola d'acqua mettete al suo interno cipolla, carota e sedano tagliati grossolanamente e portate il tutto ad ebollizione, dopo di che salate ed aggiungete i calamaretti affettati, fateli cuocere per 20 minuti, terminata la cottura metteteli in un colapasta a scolare.
2. Scaldate i fagioli a bagnomaria nella loro scatola.
3. Tritate prezzemolo, aglio e basilico e mettete in una insalatiera, aggiungete la pasta di acciughe, olio d'oliva, succo di limone, sale e pepe e mescolate il tutto creando una salsina, aggiungete i calamaretti e i fagioli scolati e rimescolate il tutto.

154. Insalata di Mare
Preparazione: 30 minuti
Tempo di cottura: 15 minuti
Porzioni: 2
Ingredienti:
- 200 g di cozze
- 100 g di polipi
- 100 g di gamberetti (meglio se già sgusciati)
- 5 chiodi di garofano
- cannella
- sale e pepe
- olio d'oliva
- vino bianco secco
- succo di limone
- sedano
- prezzemolo
- basilico
- cipolla
- Carota

Indicazioni:
1. Pulite bene le cozze dai filamenti e raschiando il guscio, mettetele in una pentola senza acqua con coperchio e loro si aprono, lasciatele a fiamma bassa per 5 minuti.
2. Mettete in una pentola con poca acqua tutti i sapori ed aromi, vino bianco e fate bollire il tutto, quando bolle aggiungete i gamberetti, i polipi lasciandoli cuocere per 5 minuti.
3. Tagliate a fettine i polipi ed unite gamberi e cozze in una grossa insalatiera, condite con prezzemolo tritato, olio d'oliva, sale, pepe e succo di limone.

155. Spiedini di Pesce
Preparazione: 25 minuti
Tempo di cottura: 12 minuti
Porzioni: 2
Ingredienti:
- 1 peperone
- 1 pomodoro da insalata
- 4 foglie di alloro
- Olio d'oliva q.b.
- 150 seppioline
- 150 gamberetti
- 150 filetti di sogliola

Indicazioni:
1. Componete gli spiedini alternando i pezzi di pesce con la verdura, metteteli a cuocere in una teglia girandoli delicatamente sale ed olio a piacimento.

156. Ricotta e Sarde
Preparazione: 25 minuti
Tempo di cottura: 10 minuti
Porzioni: 2
Ingredienti:
- 100 g di ricotta
- 1 spicchio d'aglio
- 300 g di sarde fresche
- 1 uovo - Olio d'oliva
- 1 ciuffetto di prezzemolo
- 4 foglie di basilico
- sale e pepe

Indicazioni:
1. Pulite le sarde accuratamente, squamatele, eliminate la testa, le interiora e lisca, lavatele ed asciugatele.
2. Preparate il trito di prezzemolo, basilico, aglio e mettetelo in una ciotola, aggiungete la ricotta, uovo, sale e pepe, mescolate il tutto.
3. Mettete le sarde con la pelle verso il basso, metteteci sopra il composto preparato e coprite con un'altra

sarda con la pelle verso l'alto (tipo panino), fatelo con tutte e mettetele in una pirofila unta d'olio fatele cuocere in forno per 10 minuti a 170 °C.

157. Tonno alla Ligure
Preparazione: 45 minuti
Tempo di cottura: 30 minuti
Porzioni: 2
Ingredienti:
- 2 tranci di tonno fresco
- 10 g di funghi secchi
- 2 acciughe sotto sale
- 30 g di burro
- 1 spicchio d'aglio
- 1 bicchiere di vino bianco
- prezzemolo
- olio d'oliva
- succo di limone 1 bicchiere di vino bianco
- ½ cucchiaio di farina
- sale e pepe

Indicazioni:
1. Diliscate, lavate ed asciugate le acciughe.
2. Mettete i funghi in acqua tiepida per ammorbidirli.
3. Tritate tutto assieme: acciughe, funghi, aglio e prezzemolo, una volta fatto aggiungete la farina e mettete a rosolare in una teglia con un goccio d'olio per qualche minuto poi aggiungete il vino bianco e portate a ebollizione.
4. Salate e pepate le fette di tonno aggiungendole alla teglia con un po' di sale e pepe, copritele e fatele cuocere per circa 5 minuti da entrambi i lati, poi mettete in forno per 20 minuti e completate la cottura.
5. Mettete il tonno in un piatto da portata, unite al sugo di cottura il succo di limone con il burro fatelo sciogliere e versatelo sopra al tonno.

158. Gamberoni al Radicchio
Preparazione: 25 minuti
Tempo di cottura: 13 minuti
Porzioni: 2
Ingredienti:
- 300 g di gamberoni
- olio d'oliva
- ½ radicchio rosso
- sale

Indicazioni:
1. Mettete i gamberoni in una pentola d'acqua bollente e salata per 13 minuti, una volta pronti vanno sgusciati.

2. Pulite e tagliate il radicchio a strisce mettetelo in una insalatiera ed aggiungetevi i gamberoni, olio e pizzico di sale mescolate il tutto.

159. Salmone d'Alaska
Preparazione: 1 ora
Tempo di cottura: 45 minuti
Porzioni: 2
Ingredienti:
- 1 limone
- 2 tranci di salmone da 180 g cadauno
- 1 tuorlo d'uovo
- 50 g di burro
- 1 cucchiaio di aceto bianco
- 1 foglia di alloro
- 1 bicchiere di vino bianco (secco)
- sale
- pepe in grani

Indicazioni:
1. Mettete in una pentola con l'acqua: alloro, la scorza di limone grattugiato, un pizzico di sale, qualche grano di pepe e vino bianco e fate bollire il tutto.
2. Dopo circa 20 minuti immergete i tranci di salmone e fateli cuocere per circa 25 minuti.
3. Mettete un pentolino a bagnomaria ed aggiungete uovo, brodo del pesce, l'aceto, sale e pepe, mescolate energicamente per qualche minuto ed aggiungete il burro fuso continuando a mescolare per formare una salsa cremosa.
4. Scolate il salmone, mettetelo in un piatto da portata e copritelo con la salsina.

160. Sogliola alle Mandorle
Preparazione: 30 minuti
Tempo di cottura: 15 minuti
Porzioni: 2
Ingredienti:
- 4 filetti di sogliola
- 30 g di panna da cucina
- 30 g di burro
- 20 g di farina
- 40 g di mandorle (spellate)
- sale e pepe

Indicazioni:
1. Sbollentate le mandorle tagliandole a fettine sottili.
2. Infarinate i filetti di sogliola e metteteli in una padella con il burro facendoli cuocere a fiamma alta per qualche minuto.

3. Ora unite un pizzico di sale e pepe, le mandorle affettate e la panna fate cuocere pochi minuti girando i filetti, poi togliete i filetti di sogliola metteteli in un piatto fate addensare la salsa e versatela sopra ai filetti.

Capitolo 5

Contorni e Piatti di Verdure

161. Fagiolini al Profumo di Basilico

Preparazione: 30 minuti
Tempo di cottura: 20 minuti
Porzioni: 2
Ingredienti:

- 20 g di sale grosso
- 240 g di fagiolini verdi teneri
- 4 cucchiai di olio extravergine d'oliva
- 4 foglie di basilico fresco
- qualche cappero

Indicazioni:

1. Mettete sul fuoco una pentola d'acqua con il sale e fatela bollire, nel frattempo pulite i fagiolini eliminando le punte, poi fateli cuocere per circa 20 minuti.
2. Mettete i fagiolini cotti in una ciotola e condite con olio extravergine d'oliva, le foglie di basilico tritate e i capperi.

162. Asparagi Semplici e Gustosi

Preparazione: 30 minuti
Tempo di cottura: 15
Porzioni: 2
Ingredienti:

- 6 asparagi
- 6 fette di prosciutto cotto
- 100 g di burro - un po' di sale
- 2 cetriolini sott'olio

Indicazioni:

1. Prendete una pentola d'acqua salatela e quando bolle fate cuocere gli asparagi per circa 15 minuti.
2. Tritate i cetriolini e uniteli al burro che avete fatto ammorbidire a temperatura ambiente, mescolate ottenendo così una crema.
3. Prendete la fetta di prosciutto spalmate sopra la crema e adagiate sopra l'asparago, avvolgete il tutto formando un 'involtino (ripetete per ogni asparago).

4. Sistemateli in una pirofila e servite.

163. Arance in Insalata
Preparazione: 30 minuti
Tempo di cottura: nessuna
Porzioni: 2
Ingredienti:
- 1 cetriolo
- 1 carota
- olio extravergine d'oliva q.b.
- 2 arance
- 1/2 cucchiai d'aceto
- sale e pepe
- un ciuffo di prezzemolo

Indicazioni:
1. Lavate e pulite i cetrioli, la carota ed eliminate la buccia all'arancia affettandola o a pezzetti, tritate il prezzemolo e affettate tutte le verdure, mettete in un'insalatiera e condite con sale, pepe aceto e olio.

164. Gratinata di Verdure
Preparazione: 35 minuti
Tempo di cottura: 20 minuti
Porzioni: 2
Ingredienti:
- burro q.b.
- sale
- 180 g di verdura (cavolfiore, cuore di carciofo, carote)
- una bella manciata di formaggio parmigiano grattato
- besciamella già pronta q.b.

Indicazioni:
1. Prendete una pentola d'acqua salate e fate bollire, nel frattempo pulite e lavate le verdure poi fatele cuocere per circa 20 minuti.
2. Scolate le verdure versatele in una pirofila da forno, aggiungete dei fiocchi di burro e il formaggio grattugiato, ricoprite con un po' di besciamella pronta e mettete in forno fino a quando si sarà formata una bella doratura.

165. Peperoni ai Mille Sapori
Preparazione: 45 minuti
Tempo di cottura: 30 minuti
Porzioni: 2
Ingredienti:
- ½ melanzana
- ½ peperone giallo
- ½ peperone rosso
- ½ peperone verde
- 2 pomodori - 1 cipolla
- 1 filetto d'acciuga

- 1 bicchiere d'olio extravergine d'oliva
- 20 g di uva sultanina
- 15 g di pinoli
- 1 cucchiaio di mandorle tostate - sale e pepe
- una manciata di pangrattato

Indicazioni:
1. Prendete una padella mettete un po' d'olio e fate dorare assieme la cipolla affettata, la melanzana sbucciata e tagliate a pezzi, i peperoni tagliati a listarelle fate cuocere per 10 minuti.
2. Trascorsi 10 minuti aggiungete il pomodoro, sale e pepe, uvetta, mandorle, acciuga e proseguite la cottura per altri 20 minuti. A cottura terminata versate in un'insalatiera e aggiungete i pinoli con una manciata di pangrattato.

166. Finocchi al Profumo di Salvia

Preparazione: 45 minuti
Tempo di cottura: 30 minuti
Porzioni: 2
Ingredienti:
- qualche foglia di salvia
- 2 finocchi
- olio q.b.
- 120 g di fontina
- sale e pepe
- un po' di formaggio parmigiano grattugiato

Indicazioni:
1. Mettete una pentola d'acqua sul fuoco e lessate i finocchi a cottura terminata scolateli e tagliateli a metà inserendo nei finocchi (tra le foglie) la fontina tagliata a dadini.
2. Prendete una pirofila da forno ungetela con l'olio e posate sopra i finocchi, spolverizzate il tutto con un po' di parmigiano grattato, un filo d'olio, sale e pepe, e le foglie di salvia.
3. Infornate e fate cuocere per circa 20 minuti a 180 °C.

167. Gratinata di Porri

Preparazione: 35minuti
Tempo di cottura: 20 minuti
Porzioni: 2
Ingredienti:
- 400 g di porri
- 100 g di prosciutto cotto (fette sottili)
- 1 uovo e 1 tuorlo
- 2 cucchiai di parmigiano grattugiato

- fiocchi di burro q.b.
- un po' di latte
- sale e pepe
- un pizzico di noce moscata

Indicazioni:
1. Tagliate i porri eliminando la parte verde, mantenendo la stessa lunghezza, avvolgeteli nella fetta di prosciutto cotto (1 fetta di prosciutto per ogni porro).
2. Prendete una pirofila da forno ungetela con po' d'olio, e posizionate i porri, versate sopra i fiocchi di burro, una bella manciata di parmigiano grattugiato.
3. Sbattete l'uovo aggiungendo sale e pepe, il latte, un pizzico di noce moscata, e andate così a ricoprire i porri.
4. Fate cuocere in forno già caldo a 200 °C per circa 20 minuti.

168. Cavolfiore Goloso
Preparazione: 45 minuti
Tempo di cottura: 30 minuti
Porzioni: 2
Ingredienti:
- 1 cavolfiore non troppo grande
- 25 g di burro
- 1 uovo
- ½ cucchiaino di aceto bianco
- ½ cucchiaio di farina
- 1 spicchio d'aglio
- sale

Indicazioni:
1. In una pentola d'acqua fate lessare il cavolfiore precedentemente lavato, a cottura terminata scolatelo e mettetelo in piatto.
2. Prendete un pentolino versate il burro, tritate l'aglio e fatelo soffriggere, nel frattempo sbattete l'uovo con la farina e l'aceto, ora versate nel pentolino dove avete fatto soffriggere l'aglio e mescolato qualche minuto togliendolo dal fuoco.
3. Versate la crema ottenuta sopra al cavolfiore e servite caldo.

169. Barbabietole Festose
Preparazione: 20 minuti
Tempo di cottura: nessuna
Porzioni: 2
Ingredienti:
- 2 spicchi d'aglio

- 200 g di barbabietole
- 10 noci tritate
- maionese q.b.

Indicazioni:
1. Prendete le barbabietole eliminate la buccia e tagliatele a dadini, mettetele in un piatto, unite l'aglio tritato, un po' di maionese, le noci tritate.

170. Cavolo con Pancetta

Preparazione: 60 minuti
Tempo di cottura: 40 minuti
Porzioni: 2
Ingredienti:

- 1 cavolo da 600 g circa
- 1 spicchio d'aglio
- ½ cipolla
- brodo q.b.
- 60 g di pancetta
- sale e pepe
- burro q.b.
- olio q.b.

Indicazioni:
1. Lavate e tagliate il cavolo e tenetelo da parte.
2. Prendete un tegame mettete olio e burro e fate rosolare la cipolla tritata, l'aglio, e la pancetta tagliata a dadini.
3. Quando il tutto è ben rosolato unite il cavolo, sale e pepe, e fate cuocere a fiamma bassa con coperchio per 40 minuti circa, mescolando ogni tanto.
4. Potete aggiungere un po' di brodo se vedete che si asciuga troppo, servite e gustate.

171. Piselli alla Cannella

Preparazione: 30 minuti
Tempo di cottura: 15 minuti
Porzioni: 2
Ingredienti:

- 400 g di piselli surgelati
- ½ cipolla
- olio extravergine d'oliva
- un pizzico di cannella in polvere
- sale
- un cucchiaio di concentrato di pomodoro

Indicazioni:
1. Prendete una padella mettete l'olio e fate soffriggere la cipolla tritata, a doratura unite i piselli, il concentrato di pomodoro, un po' di cannella, sale, fate cuocere 10 minuti a fuoco basso (se occorre potete mettere un goccio d'acqua).

172. Asparagi in Crema

Preparazione: 30 minuti
Tempo di cottura: 15 minuti
Porzioni: 2
Ingredienti:

- 350 g di cipolline bianche
- 350 g di asparagi
- 2 cucchiai di olio extravergine d'oliva
- 30 g di burro
- 1 uovo sodo
- 1 confezione di panna da cucina
- Sale e pepe

Indicazioni:

1. Pulite gli asparagi, le cipolline e fateli lessare separatamente, scolateli e versateli su carta da cucina.
2. Fate sciogliere il burro e l'olio in una padella, mettete sia gli asparagi che le cipolline, un pizzico di sale, pepe e fate rosolare il tutto per qualche minuto.
3. Qualche minuto prima che termini la cottura versate la panna e mescolate, mettete in un piatto e sbriciolate sopra l'uovo sodo.

173. Patate con Ripieno ai Funghi

Preparazione: 1 h e 30 minuti
Tempo di cottura: 60 minuti
Porzioni: 2
Ingredienti:

- 2 patate
- 2 spicchi d'aglio
- 150 g di funghi (a vostro piacimento)
- 1/2 cucchiai d'olio d'oliva
- 1 po' di latte
- qualche foglia di prezzemolo
- 1 cucchiaio di farina
- un po' di burro
- 1 uovo
- sale e pepe
- brodo q.b.

Indicazioni:

1. Lavate e sbucciate le patate, tagliatele a metà scavatele al centro in modo da poterle riempire, pulite e tagliate i funghi a dadini.
2. In una padella con olio mettete il prezzemolo e l'aglio tritati rosolate qualche minuto, poi aggiungete i funghi a dadini e fate trifolare assieme e ultimate la cottura.

3. Sciogliete nel latte tiepido la farina, aggiungete sale e pepe e versate nella padella con i funghi cotti, portando ad ebollizione fino a quando raggiunge densità.
4. Quando il tutto è addensato togliete dal fuoco e unite l'uovo sbattuto mescolando per evitare che si formino grumi.
5. In una pirofila unta con il burro, sistemate le mezze patate, riempitele con la crema preparata, versate sul fondo della pirofila un po' di brodo, mettete in forno a 200 °C e fate cuocere per 40 minuti circa.

174. Patate ai Formaggi
Preparazione: 60 minuti
Tempo di cottura: 45 minuti
Porzioni: 2
Ingredienti:
- 200 g di patate
- 60 g di mozzarella o fontina (a fette sottili)
- 1 bicchiere di latte
- 2/3 cucchiai di formaggio parmigiano grattugiato
- 45 g di burro
- sale q.b.

Indicazioni:
1. Pelate, lavate ed asciugate le patate, tagliatele a fette sottili.
2. Mettete il burro in una pirofila da forno, adagiate uno strato di patate a fette, un pizzico di sale, il formaggio grattugiato, qualche fiocco di burro, il formaggio a fette e bagnate il tutto con un po' di latte.
3. Eseguite lo stesso passaggio come nel punto 2, formando un altro strato terminando con ancora il burro, formaggio, e latte, mettete tutto in forno e fate cuocere per circa 40 minuti a forno preriscaldato a 250 °C.

175. Insalata di Fagioli
Preparazione: 30 minuti
Tempo di cottura: 10 minuti
Porzioni: 2
Ingredienti:
- 400 g di fagioli in scatola
- 1 cipolla
- 2/3 cucchiai di aceto bianco
- qualche acciuga sott'olio
- 1 spicchio d'aglio
- olio d'oliva q.b.
- un pizzico di sale

- qualche foglia di prezzemolo

Indicazioni:
1. Prendete i fagioli in scatola, passateli sotto l'acqua e scolateli.
2. Mettete nella padella un po' d'olio con la cipolla affettata e fate dorare bene, dopo qualche minuto aggiungete l'acciuga e infine un goccio d'aceto, fate evaporare a fuoco medio.
3. Pulite e tritate l'aglio, il prezzemolo, aggiungetelo nella padella con la cipolla e fate cuocere ancora per 5 minuti dopo di che versate i fagioli e servite.

176. Carote alla Panna
Preparazione: 45 minuti
Tempo di cottura: 30 minuti
Porzioni: 2
Ingredienti:
- 1 tuorlo d'uovo
- 400 g di carote
- 35 g di burro
- prezzemolo tritato q.b.
- 60 g di panna
- sale
- acqua q.b.

Indicazioni:
1. Eliminate la pelle alle carote, lavatele e tagliatele a metà.
2. Mettete una pentola d'acqua sul fuoco aggiungete le carote e fatele cuocere per circa 25 minuti.
3. Quando le carote sono tenere, versate un pizzico di sale, a metà cottura una parte di burro e proseguite mescolando fino a quando il liquido di cottura si è assorbito.
4. Quando il liquido si è assorbito versate il tuorlo dell'uovo e la panna, il burro rimasto e del prezzemolo tritato, mescolate a fiamma bassa e fate addensare.
5. Spegnete e servite caldo.

177. Salsiccia e Patate
Preparazione: 35 minuti
Tempo di cottura: 20 minuti
Porzioni: 2
Ingredienti:
- 160 g di salsiccia
- 260 g di patate
- un po' di rosmarino
- 1 cipolla piccola
- olio q.b.
- sale e pepe
- un po' di vino bianco

Indicazioni:
1. Prendete una padella mettete un po' d'olio e fate soffriggere qualche minuto la cipolla e il rosmarino tritati, eliminate la pelle alla salsiccia e sbriciolatela nella padella con la cipolla e rosmarino lasciando rosolare tutto assieme.
2. Ora versate il vino bianco, le patate tagliate a pezzi, un pizzico di sale e pepe, qualche cucchiaio d'acqua, coprite e fate cuocere per circa 15 minuti a fuoco basso.

178. Insalata dell'ultimo Minuto
Preparazione: 20 minuti
Tempo di cottura: 10 minuti
Porzioni: 2
Ingredienti:
- 1 pomodoro da insalata
- 1 peperone
- 1 cetriolo
- qualche oliva nera
- ½ cipolla
- qualche pezzo di formaggio (tipo robiola)
- sale e pepe
- olio extravergine d'oliva
- una spruzzata d'aceto balsamico

Indicazioni:
1. Pulite e lavate tutte le verdure, tagliatele a fette e mettetele in una insalatiera.
2. Unite alle verdure le olive, il formaggio tagliato a dadini, condite con sale, pepe, olio extravergine e aceto.

179. Verdure alla Griglia
Preparazione: 40 minuti
Tempo di cottura: 30 minuti
Porzioni: 2
Ingredienti:
- 1 peperone
- 2 zucchine
- 1 melanzana - sale q.b.
- olio extravergine d'oliva q.b.
- un po' di origano
- qualche foglia di basilico fresco

Indicazioni:
1. Pulite e lavate tutte le verdure, tagliatele a fette sottili, mettetele su una griglia unta d'olio e fatele grigliare.
2. Prendete una pirofila sistemate le verdure grigliate, condite con un pizzico di sale, olio extravergine, origano, e qualche foglia di basilico fresco tritato.

180. Peperoni Arrostiti
Preparazione: 40 minuti
Tempo di cottura: 30 minuti
Porzioni: 2
Ingredienti:
- 1 peperone rosso
- 1 peperone giallo
- 1 peperone rosso
- 1 spicchio aglio
- olio extravergine d'oliva q.b.
- un po' di concentrato di pomodoro

Indicazioni:
1. Prendete i peperoni lavateli e asciugateli, metteteli sul fuoco a fiamma viva fino a quando la pelle si annerisce, quando sono cotti avvolgeteli con carta alluminio e fateli riposare per 10 minuti.
2. Eliminate la parte esterna abbrustolita, privateli dei semini, tagliateli a strisce e metteteli in un piatto, condite con l'aglio tritato, l'olio, un po' di sale, il concentrato di pomodoro, mescolate e gustate.

181. Funghi in Umido
Preparazione: 35 minuti
Tempo di cottura: 20 minuti
Porzioni: 2
Ingredienti:
- 420 g di funghi (chiodini o champignon)
- 2 cucchiai d'olio d'oliva
- ½ cipolla
- 1 spicchio d'aglio
- un po' di burro - sale
- qualche cucchiaio di salsa di pomodoro - brodo q.b.
- 1 ciuffo di prezzemolo fresco

Indicazioni:
1. Prendete una padella mettete il burro e l'olio, fate rosolare la cipolla e l'aglio tritato, poi aggiungete i funghi che avete pulito, il prezzemolo tritato, sale, la salsa di pomodoro, e fate cuocere per circa 10/15 minuti a fuoco medio (se occorre potete aggiungere un po' di brodo).

182. Padellata di Melanzane
Preparazione: 60 minuti
Tempo di cottura: 25 minuti
Porzioni: 2
Ingredienti:
- 1/2 melanzane

- 1 spicchio d'aglio
- 1 ciuffo di prezzemolo
- sale e pepe
- olio extravergine d'oliva

Indicazioni:
1. Prendete la melanzana, lavatela e tagliatela a dadini non troppo piccoli, mettetela in un scolapasta versate sopra il sale e lasciate che elimini l'acqua.
2. Poi asciugatele, fatele cuocere in una padella con un po' d'olio extravergine d'oliva mescolando ogni tanto, 5 minuti prima della cottura spolverizzate con il prezzemolo tritato, sale e pepe.

183. Finocchi al Latte
Preparazione: 45 minuti
Tempo di cottura: 24/25 minuti **Porzioni:** 2
Ingredienti:
- 2 finocchi - 30 g di burro
- latte q.b.
- formaggio parmigiano grattugiato q.b.
- 1 spicchio d'aglio
- sale

Indicazioni:
1. Prendete i finocchi lavateli, asciugateli e tagliateli a pezzi piuttosto grandi.
2. Prendete una casseruola mettete il burro e l'aglio fate rosolare qualche minuto, poi aggiungete i finocchi tagliati, il latte (i finocchi devono essere coperti dal latte) e fate cuocere a fuoco basso per circa 20/25 minuti mescolando di tanto in tanto.
3. Quando mancano pochi minuti alla cottura dei finocchi aggiungete un po' di sale e una bella manciata di formaggio parmigiano grattugiato.

184. Peperonata con Patate
Preparazione: 45 minuti
Tempo di cottura: 30 minuti
Porzioni: 2
Ingredienti:
- 2 peperoni di diverso colore - 1 cipolla
- un po' di salsa di pomodoro q.b.
- un pizzico di sale q.b.
- olio extravergine d'oliva
- 1/2 patate

Indicazioni:
1. Prendete la cipolla, pelatela e tagliatela a fettine mettetela in una casseruola con olio e fatela appassire, nel frattempo lavate,

sbucciate le patate a pezzi di media dimensione.
2. Lavate e tagliate i peperoni a listarelle piuttosto grandi, prendete le patate tagliate, unite il tutto alla cipolla mescolate e fate cuocere qualche minuto, ora aggiungete la salsa di pomodoro, sale, e fate cuocere a fuoco basso coprendo il tutto per circa 25 minuti.

185. Radicchio con Formaggio

Preparazione: 25 minuti
Tempo di cottura: 15 minuti
Porzioni: 2
Ingredienti:

- 2 mazzi di radicchio trevigiano
- 25 g di fontina
- 25 g di provola affumicata o dolce (a vostro piacimento)
- qualche fiocco di burro
- un po' d'olio d'oliva
- sale e pepe
- 1/2 cucchiai di formaggio parmigiano grattugiato

Indicazioni:
1. Prendete il radicchio, lavatelo e asciugatelo lasciando il mazzo intero.
2. Mettete in una teglia un po' d'olio e qualche fiocco di burro, adagiatevi sopra il radicchio e fatelo soffriggere 5 minuti da una parte e 5 dall'altra.
3. Poi togliete dal fuoco versate un pizzico di sale, pepe, una bella manciata di parmigiano grattugiato, e per finire fontina e scamorza (affettati).
4. Potete lasciare che i formaggi si sciolgano da soli sul radicchio, o se preferite potete farli sciogliere gratinando al forno pochi minuti.

186. Mix di Verdure in Pentola

Preparazione: 40 minuti
Tempo di cottura: 30 minuti
Porzioni: 2
Ingredienti:

- 2 carciofi (solo il cuore)
- 1 carota
- 1 finocchio
- 1 cipolla non troppo grande

- un ciuffetto di prezzemolo fresco tritato
- 2 cucchiai d'olio d'oliva
- 1 pezzettino di burro
- sale
- brodo q.b.

Indicazioni:
1. Prendete una padella mettete olio, burro, la cipolla tagliate a fettine e fate cuocere fino a doratura.
2. Nel frattempo lavate, pulite e tagliate le carote, carciofi, finocchi e andate ad aggiungerli alla cipolla, versate un pizzico di sale, un po' di brodo e fate cuocere per circa 10 minuti, a cottura conclusa cospargete con un po' di prezzemolo fresco tritato.

187. Cipolle al Sapore di Marsala

Preparazione: 60 minuti
Tempo di cottura: 40 minuti
Porzioni: 2
Ingredienti:
- 4/5 cipolle
- 15 g di burro
- 2 bicchierini di marsala
- un po' d'olio d'oliva
- sale e pepe
- un po' di origano tritato
- un po' di timo tritato

Indicazioni:
1. Pulite le cipolle togliendo il primo strato di buccia mantenendole intere, mettete in una padella un po' d'olio, un po' di burro e fate rosolare le cipolle in ogni sua parte a fiamma bassa.
2. Dopo pochi minuti versate sale, pepe, timo, origano, un pochino d'acqua e fate cuocere fino a quando l'acqua si sarà consumata.
3. Ora potete aggiungere il marsala e fate cuocere per 25 minuti circa (il liquido deve asciugarsi).

188. Zucca in Teglia

Preparazione: 30 minuti
Tempo di cottura: 15 minuti
Porzioni: 2
Ingredienti:
- 1 zucca piccola
- 70 g di formaggio parmigiano grattato
- 35 g di pangrattato
- Sale - un filo d'olio d'oliva

Indicazioni:
1. Prendete la zucca pulitela togliendo la buccia, tenete solo la parte tenera, lavatela e tagliatela a fette non

troppo sottili, fatela cuocere a vapore con poca acqua per circa 6 minuti.
2. In una teglia mettete un po' d'olio d'oliva e sistemate la zucca disponendo le fette una vicina all'altra.
3. Prendete il parmigiano ed il pangrattato mescolatelo assieme e spolverizzateli sopra alle fette di zucca, aggiungete un pizzico di sale e fate cuocere al forno a 200 °C per 10 minuti (fate gratinare).

189. Padellata di Spinaci
Preparazione: 30 minuti
Tempo di cottura: 20 minuti
Porzioni: 2
Ingredienti:
- 500g di spinaci (anche surgelati)
- un po' d'olio extravergine d'oliva
- 1 spicchio d'aglio
- qualche fiocco di burro
- una bella manciata di formaggio parmigiano grattato
- 50 g di pinoli

Indicazioni:
1. Prendete una padella e mettete un po' d'olio, burro, l'aglio pelato e fate rosolare bene, aggiungete gli spinaci con un pizzico di sale e fate cuocere per circa 15 minuti.
2. A pochi minuti della fine cottura aggiungete il formaggio grattugiato, i pinoli, mescolate e servite.

190. Frittura di Verdura
Preparazione: 20 minuti
Tempo di cottura: 10 minuti
Porzioni: 2
Ingredienti:
- 1 carota - 1 zucchina
- 1 patata - 1 melanzana
- sale e pepe - farina q.b.
- olio di semi per friggere

Indicazioni:
1. Pelate, lavate, asciugate tutte le verdure, tagliatele a vostro piacere (sia a strisce che a dadini) e passatele nella farina.
2. Mettete sul fuoco una padella con olio di semi in abbondanza, fatelo scaldare bene e fate cuocere la verdura, versatela su un foglio di carta assorbente.

3. Mettetele in un piatto da portata completando con un po' di sale e pepe.

191. Lenticchie al Parmigiano

Preparazione: 20 minuti
Tempo di cottura: 10 minuti
Porzioni: 2
Ingredienti:
- 1 scatola grande di lenticchie
- 2 bei cucchiai di formaggio grattugiato
- sale q.b.
- un po' d'olio extravergine d'oliva
- 1 spicchio d'aglio

Indicazioni:
1. Prendete una padella mettete l'olio extravergine d'oliva, pelate l'aglio e fatelo dorare poi unite le lenticchie che avrete scolato e fate cuocere per circa 6/7 minuti (le lenticchie devono mantenersi intere).
2. Una volta cotte versatele in una pirofila aggiungete un pizzico di sale, il formaggio grattugiato e mescolate.

192. Olive al Sapore di Menta

Preparazione: 20 minuti
Tempo di cottura: nessuna
Porzioni: 2
Ingredienti:
- 100 g di olive verdi (dure)
- 2 foglie di menta
- un pezzetto di peperoncino
- 1 spicchio d'aglio
- un po' di origano
- sale
- olio extravergine d'oliva

Indicazioni:
1. Lavate, asciugate e snocciolate le olive, schiacciatele leggermente con il baticarne e mettetele in una insalatiera.
2. Sbucciate e tagliate l'aglio a fettine, lavate, asciugate, tritate la menta, tagliate a pezzettini il peperoncino, versate il tutto nella insalatiera con le olive, aggiungete un pizzico di sale, origano e condite tutto con olio extravergine d'oliva.
3. Mescolate prima di servire così tutti i sapori riaffiorano.

193. Fagiolata in Insalata

Preparazione: 20 minuti
Tempo di cottura: nessuna
Porzioni: 2
Ingredienti:
- 350 g di fagioli borlotti (in scatola)
- 2 filetti d'acciuga sott' olio
- qualche oliva taggiasca (denocciolata)
- 1 pomodoro
- un ciuffetto di prezzemolo
- 3 cucchiai d'olio extravergine d'oliva
- 1 cipolla rossa di tropea
- 1 cucchiaio d'aceto
- sale e pepe

Indicazioni:
1. Prendete i fagioli scolateli, sciacquateli sotto l'acqua, asciugateli e versateli in una insalatiera.
2. Prendete il pomodoro, acciuga, olive, tritate grossolanamente e versate in una scodella, aggiungete l'olio extravergine, 1 cucchiaio d'aceto, il prezzemolo tritato, e infine la cipolla di tropea affettata.
3. Mescolate tutto e gustate

194. Zucchine Impanate

Preparazione: 30 minuti
Tempo di cottura: 15 minuti
Porzioni: 2
Ingredienti:
- 2 zucchine
- pangrattato
- 1/2 uova
- olio per friggere
- sale

Indicazioni:
1. Prendete le zucchine lavatele bene, asciugatele e tagliatele a fette per lunghezza.
2. Sbattete l'uovo con un pizzico di sale e impanate le zucchine.
3. Mettete in una padella l'olio per friggere fatelo scaldare e poi fate cuocere le zucchine, facendo dorare da entrambe le parti.
4. Quando sono cotte adagiatele su carta assorbente per evitare che rimangono unte, poi spostale in piatto da portata, se occorre aggiustate di sale.

195. Purè di Patate Casalingo

Preparazione: 40 minuti
Tempo di cottura: 30 minuti
Porzioni: 2
Ingredienti:
- 3 belle patate
- latte q.b.
- formaggio parmigiano grattugiato
- qualche fiocco di burro

Indicazioni:
1. Prendete le patate lavatele, pelatele, e tagliate a dadi di media dimensione, versatele in una casseruola e aggiungete il latte tanto quanto basta a ricoprirle.
2. Mettete nella stessa casseruola qualche fiocco di burro e un pizzico di sale, fate cuocere fino a quando le patate risulteranno belle morbide (se il latte si assorbe potete aggiungerne ancora).
3. Quando le patate sono pronte, prendete uno schiaccia patate e lasciandole nella casseruola di cottura schiacciatele aggiungendo poi il formaggio grattugiato e aggiustando di sale.
4. Versatelo in un piatto e gustatelo caldo.

196. Patate al Forno

Preparazione: 45 minuti
Tempo di cottura: 30 minuti
Porzioni: 2
Ingredienti:
- 3 patate abbastanza grandi
- olio d'oliva - sale
- un po' di rosmarino tritato

Indicazioni:
1. Mettete una pentola d'acqua salata sul fuoco, portatela ad ebollizione, e nel frattempo, pelate e tagliate le patate a pezzi di media dimensione.
2. Quando l'acqua bolle versate le patate e fatele sbollentare per 5 minuti, poi scolatele.
3. Prendete un tegame ungetelo con l'olio versate le patate, un po' di sale, e mescolate leggermente.
4. Scaldate il forno e fate cuocere le patate a 180 °C fino a quando risultano belle dorate e croccanti.
5. Conclusa la cottura versatele in una pirofila spolverizzate con del rosmarino fresco tritato e se occorre un pizzico di sale.

197. Carciofi e Patate al Forno

Preparazione: 45 minuti
Tempo di cottura: 30 minuti
Porzioni: 2
Ingredienti:
- 4/5 carciofi
- 3 patate grandi
- 2 uova
- latte q.b.
- olio extravergine d'oliva q.b.
- formaggio parmigiano grattugiato
- un po' di mollica di pane
- sale
- qualche foglia di prezzemolo fresco tritato
- pangrattato

Indicazioni:
1. Pelate e tagliate a fette le patate, pulite i carciofi eliminando le foglie dure, tenete il cuore che è la parte più gustosa e morbida, tagliatelo a fette, mettete a bagno con acqua e limone per evitare che il carciofo diventi scuro.
2. Prendete una teglia versate un po' d'olio e formate uno strato con le patate a fette, spolverizzate con un po' di sale, scolate i carciofi, asciugateli e formate uno strato sopra le patate con i cuori di carciofi.
3. Sbattete l'uovo con il formaggio grattugiato, unite la mollica di pane ammorbidita con un po' di latte, un po' di sale, il prezzemolo tritato, allungate con un po' di latte, formando un composto piuttosto liquido e versatelo sopra agli strati preparati.
4. Ricoprite bene gli strati in teglia, spolverizzate con il pangrattato, un filo d'olio e fate cuocere in forno a 180 °C fino a doratura.

198. Peperoni Friggitelli in padella

Preparazione: 25 minuti
Tempo di cottura: 15 minuti
Porzioni: 2
Ingredienti:
- 300 g di peperoni friggitelli
- olio extravergine d'oliva
- sale
- 1 spicchio d'aglio

Indicazioni:
1. Lavate, asciugate i peperoni lasciandoli interi con il picciolo attaccato.

2. Mettete in una padella un po' d'olio, l'aglio sbucciato intero e fatelo rosolare bene per 4/5 minuti.
3. Unite i peperoni e fateli cuocere fino a quando saranno teneri e appassiti, a fine cottura mettete un pizzico di sale e gustate.

199. Fave in Padella
Preparazione: 1 h e 20 minuti
Tempo di cottura: 60 minuti
Porzioni: 2
Ingredienti:
- 350 g di fave (meglio se fresche)
- ½ cipolla
- 2 foglie d'alloro
- 1 bicchiere di vino bianco
- sale e pepe q.b.
- un rametto di timo
- 1 bicchiere d'olio extravergine d'oliva
- 2 spicchi d'aglio
- un po' di salsa di pomodoro
- un rametto di rosmarino

Indicazioni:
1. Pulite le fave e mettetele a bagno con acqua tiepida per 10 minuti.
2. Tritate la cipolla, l'aglio, rosmarino, timo, alloro, mettete il tutto in una padella con l'olio e fate rosolare per qualche minuto, poi aggiungete le fave, la salsa di pomodoro, un po' di vino bianco, sale e pepe, coprite e fate cuocere per circa 60 minuti a fuoco medio.

200. Polpettone di Fagiolini e Patate
Preparazione: 60 minuti
Tempo di cottura: 30 minuti
Porzioni: 2
Ingredienti:
- 350 g di fagiolini verdi teneri
- 3 patate grandi
- formaggio parmigiano grattugiato
- 1/2 uova - sale
- olio extravergine d'oliva q.b. - ½ cipolla
- un ciuffo di prezzemolo fresco tritato
- pangrattato q.b.

Indicazioni:
1. Pulite e lavate i fagiolini eliminando le punte, pelate le patate lasciandole intere, prendete una pentola d'acqua fatela bollire e versate patate e fagiolini, fate cuocere fino a quando entrambe le verdure risulteranno tenere.

2. Scolate, passate le verdure, mettetele in una scodella con l'uovo, sale formaggio grattugiato, cipolla e prezzemolo soffritti, e mescolate assieme.
3. Prendete una teglia da forno, ungetela d'olio e versate il composto ottenuto, formando uno strato denso ed omogeneo, spolverizzate con il pangrattato, un filo d'olio e con l'aiuto di una forchetta formate dei solchi in tutta la sua parte.
4. Fate cuocere in forno a 180 °C fino a quando tutta la superfice del composto diventa bella dorata e soda.
5. Sformate e fate raffreddare un pochino, tagliatelo a quadri e mettetelo in un piatto da portata.

Capitolo 6

Dolci Deliziosi

201. Gnocchi Dolci Fritti
Preparazione: 35 minuti
Tempo di cottura: 20 minuti
Porzioni: 4
Ingredienti:
- 600 g di farina
- olio per friggere q.b.
- 150 g di zucchero
- 1 bicchiere di anice
- 4 uova
- 1 limone
- un pizzico di sale
- 1 bustina di lievito per dolci
- 1 bustina di zucchero vanigliato
- zucchero a velo q.b.

Indicazioni:
1. Prendete una terrina e mettete assieme le uova, lo zucchero, la buccia del limone, un pizzico di sale, l'anice, zucchero vanigliato, farina, lievito per dolci, amalgamate il tutto fino ad ottenere un composto sodo, e omogeneo.
2. Dall'impasto ottenuto formate dei bastoncini lunghi, ritagliate in tanti pezzi dandogli la forma del gnocco.
3. Mettete l'olio in una casseruola fatelo scaldare bene, poi friggete gli gnocchi facendoli dorare bene, tirateli fuori dall'olio aiutandovi con un mestolo a fori da cucina, posateli su carta assorbente eliminando unto in eccesso.
4. Spostateli su un piatto da portata, spolverizzate con zucchero vanigliato.

202. Mousse di Fragole con Yogurt
Preparazione: 30 minuti
Tempo di cottura: 20 minuti
Porzioni: 2
Ingredienti:
- 225 g di yogurt alle fragole
- 20 g di burro
- 60 g di miele
- 3 dl di latte

- 1 limone
- 12 g di farina
- un pizzico di sale

Indicazioni:
1. Mettete in una casseruola il burro, fate sciogliere, poi unite la farina, un pizzico di sale, latte, miele, mescolate facendo cuocere a fuoco basso fino a quando risulterà una crema densa.
2. A cottura terminata lasciatela raffreddare 5/10 minuti poi conservate in frigo.
3. Quando dovete servirla aggiungete il succo del limone, lo yogurt alla fragola, mescolate il tutto e versate in coppette.

203. Crema Chantilly con Caffè

Preparazione: 35 minuti
Tempo di cottura: 25 minuti
Porzioni: 4
Ingredienti:
- 5 tuorli d'uovo
- 150g di zucchero
- 1bicchiere di latte
- 30 g di farina bianca
- 1 tazza di caffè
- 1/4dl l panna q.b.

Indicazioni:
1. Prendete una ciotola, mettete i tuorli d'uovo, lo zucchero e sbattete con forza per circa 10 minuti, continuando a mescolare aggiungete la farina poco per volta, il latte, il caffè, ponete sul fuoco fino a ebollizione (sempre mescolando).
2. Togliete dal fuoco fatela raffreddare, montate la panna e unitela alla crema preparata, versate in coppette e conservate in frigo fino al momento di servirla.
3. Potete decorarla a vostro piacere con qualche goccia di cioccolato fondente o qualche chicco di caffè.

204. Limone Raffreddato

Preparazione: 2 ore
Tempo di cottura: nessuna
Porzioni: 4
Ingredienti:
- 3 tuorli d'uovo
- 3 cucchiai di zucchero
- 1 bicchierino di rum
- 300 g di panna
- 50 g di meringhe
- 1 limone

Indicazioni:
1. In una ciotola mettete i tuorli, lo zucchero, la buccia del limone grattugiata, il rum, sbattete bene per qualche minuto poi incorporate la panna, le meringhe sminuzzate, versate il composto ottenuto in uno stampo (rettangolare o rotondo) e mettetelo a raffreddare in freezer.
2. Prima di servirlo capovolgetelo in un piatto da portata, decoratelo con panna montata, fette di limone.

205. Biscottini al Cocco
Preparazione: 30 minuti
Tempo di cottura: 15 minuti
Porzioni: 6/8
Ingredienti:
- 2 uovo
- 40 g di farina bianca
- 125 g di farina di cocco
- 150 g di zucchero
- un pizzico di sale

Indicazioni:
1. In una ciotola unite tutti gli ingredienti assieme, amalgamateli bene, (il composto deve essere abbastanza molle) poi formate delle palline più o meno uguali e adagiatele su una teglia rivestita con carta da forno, distanziandole una dall'altra.
2. Mettete in forno a 170 °C sfornandole a doratura fatta, spostare su un piatto da portata e spolverizzate con zucchero a velo.

206. Ciambellone della Nonna
Preparazione: 1h e 30 minuti
Tempo di cottura: 1h
Porzioni: 6/8
Ingredienti:
- 3 uova
- 2 bicchieri di zucchero (bicchiere media dimensione tipo quello della nutella)
- 1 bicchiere di latte
- 1 bicchiere d'olio di semi
- 3 bicchieri di farina
- 1 bustina di lievito per dolci
- 125 g di fecola di patate
- zucchero vanigliato q.b.
- la scorza di 1 limone grattugiata

Indicazioni:
1. Mettete in un recipiente tutti gli ingredienti assieme, (tranne lo zucchero vanigliato) mescolate bene con una

frustra elettrica, deve formarsi un composto abbastanza morbido ma omogeneo e privo di grumi.
2. Foderate una tortiera rotonda con carta forno e versate il composto.
3. Fate cuocere in forno a 170 °C per circa 60 minuti.
4. La superfice della torta si colora prima quindi, quando vi accorgete che ha già preso colore coprite (la superfice) con un foglio di carta forno e lasciate continuare la cottura.
5. Per vedere se è cotta utilizzate uno stecchino di legno infilandolo dall'alto verso il basso, se esce asciutto la vostra torta è pronta.
6. Fatela raffreddare e spolverizzate con lo zucchero a velo.

207. Torta al Limone
Preparazione: 45 minuti
Tempo di cottura: 35 minuti
Porzioni: 6/8
Ingredienti:
- 225 g di burro o margarina
- 225 g di zucchero semolato
- 275 g di farina
- 1 bustina di lievito per dolci
- 4 uova grandi
- 4 cucchiai di latte
- 2 limoni (buccia grattugiata)
- per la glassa: il succo di 2 limoni, 175 g di zucchero

Indicazioni:
1. Mettete in una ciotola tutti gli ingredienti assieme, sbatteteli con una frusta elettrica fino a ottenere una crema fluida e omogenea, versate il composto in una tortiera rivestita con carta da forno e fate cuocere per 30/40 minuti in forno a 165/180 °C.
2. Nel frattempo preparate la glassa con il succo di limone, lo zucchero, mescolate assieme con un cucchiaio e tenetela da parte.
3. Sfornate la torta, quando è ancora calda fate tanti fori in tutta la sua superfice, versate la glassa e fatela raffreddare.
4. Mettetela in un piatto e servite, è una torta molto soffice che sprigiona il sapore di limone.

208. Rotolone di Nutella

Preparazione: 25 minuti
Tempo di cottura: 6 minuti
Porzioni: 6/8
Ingredienti:

- 5 uova
- 140 g di zucchero
- 10 g di miele
- 100 g di farina
- 1 bustina di vanillina
- nutella q.b.

Indicazioni:

1. Dividete i tuorli dagli albumi e metteteli in due contenitori diversi.
2. Prendete il contenitore con i tuorli e versate 90 g di zucchero, il miele, la vanillina, con una frusta elettrica sbattete il tutto fino ad ottenere un composto chiaro e spumoso.
3. Prendete il contenitore con gli albumi, unite i 50 g di zucchero rimasti e montateli a neve.
4. Ora unite gli albumi montati a neve nel contenitore preparato in precedenza, (dove avete sbattuto i tuorli) aggiungete delicatamente poco alla volta la farina, con l'aiuto di una spatola mescolate tutto assieme.
5. Il composto deve risultare piuttosto molle ma privo di grumi.
6. Rivestite una teglia (ideale da 32 cm larghezza 37 cm lunghezza) con carta da forno, versate il composto, livellatelo, fate cuocere in forno preriscaldato a 180 °C per 6 minuti.
7. Sfornatelo e adagiatelo su un piano, spolverizzate con lo zucchero semolato, copritelo con la pellicola, e fatelo raffreddare.
8. Ora togliete la pellicola, farcite con la nutella e arrotolatelo delicatamente, spolverizzate con zucchero a velo, fate raffreddare 5/10 minuti in frigo, tagliate a fette e servite.

209. Quadri al Cacao

Preparazione: 30 minuti
Tempo di cottura: 15/20 minuti
Porzioni: 6/8
Ingredienti:

- 100 g di polvere di cacao amaro
- 125 g di burro
- 200 g di zucchero fine

- 2 uova
- 75 g di farina
- zucchero vanigliato q.b.

Indicazioni:
1. Sciogliete il burro, versatelo in una ciotola, aggiungete il cacao, le uova, sbattete fino ad ottenere un composto ben sciolto e lucido, aggiungete la farina, continuate a sbattere, deve essere tutto ben amalgamato.
2. Rivestite una teglia (di 23 cm) con carta da forno, versate il composto, fatelo cuocere in forno a 180 °C per 20 minuti.
3. Fatelo raffreddare, tagliatelo a quadri, spolverizzate con zucchero vanigliato.

210. Plumcake con Noci e Caffè

Preparazione: 60 minuti
Tempo di cottura: 40 minuti
Porzioni: 4/6
Ingredienti:

- 200 g di zucchero
- 150 g di burro
- 350 g di farina
- 75 g di noci tritate
- 3 uova
- zucchero a velo q.b.
- 1 bustina di lievito per dolci - 3 tazzine di caffè
- latte q.b.
- 1 bicchierino di liquore (nocino) - un pizzico di sale
- 1 bustina di vanillina

Indicazioni:
1. Mettete in una ciotola le uova, zucchero, sbattetele assieme fino ad ottenere una crema spumosa e morbida, aggiungete il burro sciolto, poco alla volta la farina, e un po' di latte, (senza eccedere, l'impasto deve essere morbido ma non troppo molle) la vanillina, le noci tritate, il liquore, un pizzico di sale, caffè, e infine il lievito per dolci.
2. Mescolate tutto assieme con una frusta elettrica, imburrate e infarinate uno stampo da plumcake, infornate a 180 °C per 35 minuti.
3. Passati 35 minuti spegnete il forno lasciando il plumcake al suo interno per 5 minuti, poi adagiatelo su un piatto lungo e spolverizzate con zucchero a velo.

211. Pesche Ubriache

Preparazione: 35minuti
Tempo di cottura: 20 minuti
Porzioni: 4
Ingredienti:

- 100 g di amaretti
- 2 scatole di pesche sciroppate
- 2 cucchiai di zucchero
- 2 cucchiai di cacao
- 1 uovo - 2 cucchiai di liquore all'amaretto

Indicazioni:
1. In una ciotola mettete lo zucchero, l'uovo, cacao, amaretti tritati, liquore, mescolate il tutto.
2. Imburrate una pirofila da forno, sgocciolate le pesche e sistematele nella pirofila, versate il composto ottenuto al punto 1, fate cuocere in forno preriscaldato a 150 °C per 20 minuti.
3. Sfornate e fate raffreddare, potete sbriciolare qualche amaretto sopra per decorare.

212. Torta Menta Cocco e Nutella

Preparazione: 60 minuti
Tempo di cottura: 40 minuti
Porzioni: 6/8
Ingredienti:

- 250 g di farina di cocco
- 125 g di zucchero
- 125ml d'olio extravergine d'oliva
- nutella q.b.
- 250 g di farina 00
- 235 ml di sciroppo di menta
- 1 bustina di vanillina
- 125 g di yogurt al cocco
- 2 uova intere
- 1 bustina di lievito per dolci

Indicazioni:
1. In un recipiente sbattete le uova, aggiungete lo zucchero, yogurt, sciroppo di menta, farina di cocco, farina 00, vanillina, e lievito per dolci (aggiungete gli ingredienti esattamente come scritto) il composto deve risultare abbastanza fluido.
2. Oliate, e infarinate uno stampo rotondo, versate l'impasto ottenuto, infornate a 180 °C per 40 minuti.
3. Sfornatela, fatela raffreddare bene, spostatela in un piatto, spalmando tutta la superficie di nutella, spolverizzate con farina di cocco.

213. Semifreddo con Fichi

Preparazione: 2 h
Tempo di cottura: nessuno
Porzioni: 4
Ingredienti:
- 200 g di mascarpone
- 20 fichi
- 1 limone
- 6 amaretti
- 5 cucchiai di liquore (maraschino)
- 4 cucchiai di zucchero a velo

Indicazioni:
1. Mettete in una terrina il succo di limone, mascarpone, zucchero a velo, mescolate il tutto fino ad ottenere una crema bella morbida, poi aggiungete gli amaretti, il liquore e amalgamate assieme.
2. Foderate uno stampo da budino con un foglio di carta vegetale, tagliate a metà i fichi, mettete un primo strato sul fondo, versate un po' di crema, alternando così anche gli altri strati.
3. Fate raffreddare in frigo per circa 2 h, trascorso il tempo, capovolgetelo in un piatto prima di servirlo.

214. Monte Bianco di Castagne

Preparazione: 1h e 30 minuti
Tempo di cottura: 60 minuti
Porzioni: 4/6
Ingredienti:
- 2 cucchiai di cacao in polvere - 1kg di castagne
- 1 bustina di vanillina
- 240 g di zucchero a velo
- 1 bicchierino di latte
- 2/3 cucchiai di rum
- 200 g di panna già montata

Indicazioni:
1. Mettete sul fuoco una pentola d'acqua leggermente salata, lessate le castagne, sbucciatele, pelatele, eliminando completamente la pellicina, passatele con il passaverdura e mettetele in una casseruola.
2. Assieme alle castagne unite lo zucchero, il cacao, il latte, la vanillina, mettete la casseruola sul fuoco, a fiamma bassa, e mescolate bene il composto con un cucchiaio di legno fino a quando il composto si stacca dalle pareti della casseruola, toglietela dal

fuoco, fate raffreddare e poi versate il liquore.
3. Passate ancora il composto preparato con il passaverdura direttamente su un piatto da portata, lasciandolo cadere formando una montagna, ricoprite il tutto con panna montata.

215. Tiramisù Sbagliato
Preparazione: 2 h
Tempo di cottura: nessuna
Porzioni: 6/8
Ingredienti:

- 20 savoiardi
- 150 g di ricotta fresca
- 50 g di zucchero
- 100 g di panna montata
- 50 g di cioccolato amaro
- marmellata di albicocche q.b. - un po' di rum

Indicazioni:
1. Mettete in una ciotola la ricotta, lo zucchero e mescolate.
2. Ricoprite uno stampo alto rettangolare con carta stagnola, versate il rum con un goccio d'acqua per diluirlo in una terrina, bagnate i savoiardi e formate un primo strato sul fondo dello stampo.
3. Coprite i savoiardi con la ricotta, qualche cucchiaino di marmellata, una bella manciata di cioccolato grattato, ripetete il passaggio del punto 2, terminando con uno strato finale di savoiardi.
4. Fate raffreddare in frigo per almeno 60 minuti, poi versatelo in un piatto rettangolare e decorate con panna montata.

216. Nocciola in Coppa
Preparazione: 60 minuti
Tempo di cottura: 10 minuti
Porzioni: 4
Ingredienti:

- 500ml di latte
- 80 nocciole tostate
- 100g di zucchero
- 5 tuorli d'uovo
- 50 g di farina bianca
- 200 g di panna già montata
- 1 bustina di vanillina

Indicazioni:
1. Prendete una casseruola e mettete i tuorli d'uovo, zucchero, sbatteteli bene fino ad ottenere una crema spumosa, aggiungete la vanillina, la farina,

continuate a mescolare versando anche il latte tiepido, portate ad ebollizione sempre mescolando, per almeno 6 minuti.
2. Tritate le noccioline tostate, unitele alla crema solo quando sarà raffreddata, versate anche la panna montata, mescolate il tutto delicatamente, versate la crema in coppette, fate raffreddare in frigo.
3. Prima di servire questo dolce potete decorare sopra con un po' di panna montata e qualche nocciolina tritata.

217. Cannoli Siciliani
Preparazione: 30 minuti
Tempo di cottura: nessuno
Porzioni: 6/8
Ingredienti:
- 12 cannoli già pronti confezionati
- 300 g di ricotta
- aroma di fiori d'arancio
- 150 g di zucchero in polvere
- zucchero vanigliato
- gocce di cioccolato, frutta candita, pistacchi tritati

Indicazioni:
1. Mettete in una ciotola la ricotta, zucchero in polvere, mescolate assieme, dovete ottenere una crema morbida, ora unite la frutta candita, il cioccolato, l'aroma di fiori d'arancio, pistacchio tritato, mescolate nuovamente il tutto.
2. Prendete una tasca da pasticcere, versate la crema, andate a riempire i cannoli e posateli su un piatto da portata, decorate le estremità a vostro piacimento.
3. Spolverizzate con zucchero vanigliato e gustate.

218. Torta Speciale alle Mele
Preparazione: 1h e 30 minuti
Tempo di cottura: 60 minuti
Porzioni: 4/6
Ingredienti:
- 150 g di farina
- 7 mele belle grandi
- 130 g di burro più 2 cucchiai fusi
- 100 g di zucchero più 2 cucchiai
- 2 uova

- 250 g di latte
- un pizzico di sale
- la scorza grattugiata di 1 limone
- 1 bustina di lievito per dolci

Indicazioni:
1. Ammorbidite il burro a temperatura ambiente, (deve risultare molto cremoso) mettetelo in una ciotola con la farina, le uova, buccia di limone grattugiata, zucchero, latte, bustina di lievito, amalgamate bene tutto aiutandovi con una frusta elettrica, l'impasto deve essere fluido ma privo di grumi.
2. Sbucciate, pelate le mele e tagliatele a fettine non troppo sottili.
3. Prendete una tortiera non troppo grande, ungetela con burro e infarinatela, versate l'impasto, posate le fette di mele in cerchi facendole penetrare bene nell'impasto, distribuite sopra alla superfice i cucchiai di burro fuso e lo zucchero.
4. Fate cuocere in forno preriscaldato a 180 °C per 60 minuti.

219. Gelato di Caffè

Preparazione: 2 minuti
Tempo di cottura: 10 minuti
Porzioni: 4/6
Ingredienti:

- 4 tazzine di caffè ristretto
- 350 g di latte
- 1 cucchiaino di rum
- 4 cucchiai di zucchero
- 2 albumi

Indicazioni:
1. In un pentolino mettete il latte, caffè, zucchero, rum, mescolate assieme e fatelo scaldare senza però farlo bollire.
2. Fatelo raffreddare, versate il composto in una vaschetta d'alluminio, mettetela in freezer e fate raffreddare per 1 ora.
3. Prendete gli albumi, montateli a neve, uniteli al composto che si è rassodato nel freezer, dopo averlo sbriciolato.
4. Frullate tutto assieme e rimettetelo nella vaschetta d'alluminio, fatelo nuovamente raffreddare per almeno 2 ore prima di servirlo.

220. Torta Sbrisolona

Preparazione: 30 minuti
Tempo di cottura: 60 minuti
Porzioni: 6/8
Ingredienti:
- 200 g di mandorle dolci sgusciate e tritate
- 200 g di farina bianca
- 200 g di farina gialla fine
- 120 g di burro a temperatura ambiente
- 150 g di zucchero
- 100 g d'olio di semi di mais
- 2 tuorli
- 1 limone (solo la buccia grattugiata)

Indicazioni:
1. Su una spianatoia mettete le 2 qualità di farina mescolate assieme, fate un buco al centro, mettete lo zucchero, mandorle tritate, i tuorli, la buccia del limone grattugiata, mescolate il tutto poi unite il burro a temperatura ambiente, l'olio di mais, impastate con i polpastrelli tutti gli ingredienti fino a quando si saranno ben legati tra loro, formate un impasto omogeneo.
2. Imburrate, infarinate una tortiera, e fate cadere la pasta sbriciolandola in modo uniforme in ogni parte, dando qualche colpetto sul fondo della tortiera in modo che non rimangono spazi vuoti.
3. Mettete in forno preriscaldato, fate cuocere per circa 60 minuti a 180 °C.
4. Sfornate e spolverizzate la superfice della torta con lo zucchero.

221. Torta al Cioccolato

Preparazione: 30 minuti
Tempo di cottura: 30 minuti
Porzioni: 6/8
Ingredienti:
- 135 g di farina bianca
- 75 g di burro a temperatura ambiente
- 125 g di zucchero
- 50 g di cioccolato fondente
- 1 uovo intero
- 1 cucchiaino di lievito per dolci - 125 g di latte
- zucchero a velo

Indicazioni:
1. Prendete una terrina, mettete lo zucchero, il burro ammorbidito a temperatura ambiente,

lavorate assieme con un cucchiaio di legno, deve diventare un composto spumoso. Aggiungete il tuorlo, la farina, il lievito, infine il cioccolato (sciolto a bagnomaria nel latte).
2. Sbattete l'albume a neve e incorporatelo al resto dell'impasto, mescolando dall'alto verso il basso, versate il composto ottenuto in una tortiera imburrata, infarinata, fate cuocere in forno preriscaldato per 30 minuti a 180 °C.
3. Sfornate, fate raffreddare e spolverizzate con zucchero a velo.

222. Castagnaccio
Preparazione: 10 minuti
Tempo di cottura: 30 minuti
Porzioni: 6/8
Ingredienti:
- 500 g farina di castagne
- 100 g di pinoli - 650 g d'acqua - 80 g di uvetta
- 1 rametto di rosmarino
- 100 g di noci tritate
- 5 g di sale - 40 g d'olio extravergine d'oliva

Indicazioni:
1. Mettete l'uvetta in ammollo per 10 minuti, pulite il rosmarino (foglie).
2. Prendete una ciotola capiente versate la farina, poco per volta l'acqua, mescolate con una frusta fino ad ottenere un composto liscio e omogeneo, poi unite i pinoli interi, (tenendone qualcuno da parte per mettere sopra) le noci tritate, l'uvetta strizzata, asciugata, (tenendone una manciata da parte) mescolate il tutto e infine versate il sale.
3. Oliate una tortiera a sponde basse, versate l'impasto, livellatelo, con una spatolina, sulla superfice dell'impasto versate i pinoli e l'uvetta che avete tenuto da parte, le foglie del rosmarino, un filo d'olio, tutto in modo uniforme.
4. Fate cuocere in forno statico a 190 °C per 30 minuti, quando sulla superfice si formano delle crepe, e si sarà formata una crosticina colorando anche la frutta secca potete sfornare.

223. Crema Pasticcera
Preparazione: 40 minuti
Tempo di cottura: 20 minuti
Porzioni: 6
Ingredienti:
- 4 tuorli d'uovo
- 100 g di zucchero
- un pezzetto di buccia di limone
- 50 g di farina
- ½ l di latte

Indicazioni:
1. Sbattete in una casseruola lo zucchero, i tuorli, la buccia di limone, finché diventano chiari e spumosi, versate piano la farina sempre mescolando ed infine il latte.
2. Fate cuocere la crema a fuoco basso sempre mescolando, fino ad ottenere la densità desiderata.
3. A cottura terminata eliminate la buccia di limone, fate raffreddare mescolando ogni tanto così da non far formare la pellicina in superfice.
4. È una crema che potete usare sia per farcire torte, cannoli, bignè, oppure assaporare così.

224. Palline alle Noci
Preparazione: 40 minuti
Tempo di cottura: nessuna
Porzioni: 4/6
Ingredienti:
- 250 g di noci tritate
- 180 g di zucchero a velo
- 3 cucchiai di liquore alle noci
- 3/4 cucchiai di zucchero cristallizzato
- 2 bustine di zucchero vanigliato

Indicazioni:
1. In una terrina mettete le noci tritate, lo zucchero a velo, il liquore, mescolate tutto fino ad ottenere un impasto omogeneo.
2. Dall'impasto formate tante palline, passatele nello zucchero vanigliato, e subito dopo in quello cristallizzato, mettetele in un vassoio e servite.

225. Tiramisù
Preparazione: 40 minuti
Tempo di cottura: nessuna
Porzioni: 6/8
Ingredienti:
- 300 g di savoiardi
- 500 g di mascarpone
- 4 uova fresche
- 100 g di zucchero

- 300 g circa di caffè
- cacao amaro in polvere

Indicazioni:
1. Prendete le uova e separate attentamente i tuorli e albumi, mettendoli in recipienti diversi.
2. Prendete il recipiente con i tuorli, unite metà della dose di zucchero e con una frusta elettrica sbattete fino a ottenere un composto chiaro e spumoso, a questo punto unite il mascarpone e continuate a mescolare fino a ottenere una crema densa e compatta.
3. Lavate bene le fruste elettriche e nel recipiente dove ci sono gli albumi aggiungete l'altra metà di zucchero, montate il tutto, (deve essere ben montato a neve).
4. Unite gli albumi montati a neve assieme alla crema preparata in precedenza poco alla volta, mescolando dal basso verso l'alto con delicatezza.
5. Preparate il caffè fatelo raffreddare, prendete una pirofila e versate un fondo di crema, inzuppate i savoiardi nel caffè pochi istanti, metteteli nella pirofila, ricoprite con la crema formando così un primo strato, poi ancora savoiardi, crema, finite con cacao amaro in polvere, fate raffreddare in frigo.

226. Brutti ma Buoni
Preparazione: 1 h e 20 minuti
Tempo di cottura: 60 minuti
Porzioni: 4
Ingredienti:
- 80 g di noci tritate fini
- 7 albumi d'uovo
- ½ kg di zucchero
- 1 limone

Indicazioni:
1. In un recipiente montate gli albumi a neve fermissima, incorporate lo zucchero, poi aggiungete le noci, la buccia grattugiata del limone, mescolate assieme delicatamente.

2. Prendete la teglia del forno, copritela con carta forno, e disponete tanti mucchi con il composto ottenuto, fate cuocere in forno per circa 60 minuti a 90° C.

227. Torta alle Noci
Preparazione: 60 minuti
Tempo di cottura: 45 minuti
Porzioni: 6/8
Ingredienti:
- 200g di farina
- 100 g di noci tritate
- 150 g di zucchero
- 3 uova
- 100 g di burro a temperatura ambiente
- 2 cucchiai di cacao amaro
- 1 arancia (solo il succo)
- 1 bustina di vanillina
- 1 bustina di lievito per dolci
- zucchero a velo q. b.

Indicazioni:
1. Prendete una terrina mettete i tuorli d'uovo con lo zucchero, sbatteteli con una frustra elettrica, (devono diventare bianchi e spumosi).
2. Incorporate il burro sciolto a bagnomaria, continuando a sbattere, poi aggiungete la farina poco alla volta, la noce tritata, il succo d'arancia, cacao, vanillina e lievito, mescolate, amalgamate bene gli ingredienti.
3. Montate gli albumi a neve fermissima e unitela al composto, mescolando con delicatezza.
4. Prendete una tortiera, ungetela con un po' di burro, infarinatela, versate il composto preparato e fate cuocere in forno per circa 45 minuti a 180 °C.
5. Sfornate, fate raffreddare e versate un po' di zucchero a velo.

228. Amaretti Morbidi
Preparazione: 40 minuti
Tempo di cottura: 20 minuti
Porzioni: 6/8
Ingredienti:
- 300 g di mandorle tostate
- 3 albumi
- 300 g di zucchero
- burro q. b.
- 1 cucchiaino di cannella in polvere

Indicazioni:
1. Prendete le mandorle con la metà dose di zucchero e tritate finemente, sbattete gli albumi a neve

fermissima, aggiungete il restante zucchero, e poco alla volta il trito di mandorle, zucchero, cannella.
2. Impastate fino a ottenere un composto omogeneo, malleabile.
3. Prendete la teglia del forno, ungetela con il burro, formate delle palline e disponetele sulla teglia distanziandole una dall'altra.
4. Accendete il forno, fatelo scaldare bene, (deve essere molto caldo) mettete dentro la teglia con l'impasto per breve tempo, (devono dorarsi).
5. Quando si sono dorati spegnete il forno, lasciateli dentro ancora per 6/7 minuti, (a forno spento) poi staccateli e mettete in un piatto.

229. Pasta Frolla
Preparazione: 45 minuti
Tempo di cottura: 30 minuti
Porzioni: 6/8
Ingredienti:
- 200g di farina
- 80 g di zucchero
- 100 g di burro
- 2 tuorli d'uovo
- un pizzico di sale
- buccia grattugiata di 1 limone

Indicazioni:
1. Mettete la farina su una spianatoia, fate un buco al centro, mettete lo zucchero, i tuorli d'uovo, il sale, la buccia grattugiata del limone, amalgamate questi ingredienti con un po' di farina, unite il burro morbido a pezzetti ricoprite con la farina e impastatelo rapidamente con i polpastrelli delle dita, poi con il palmo della mano (deve formarsi un impasto liscio, fate una palla).
2. Avvolgete l'impasto con carta pellicola e fate riposare in frigo per circa 25 minuti.
3. Potete usare l'impasto a vostro piacimento per fare crostate, biscotti.

230. Marrons Glacés in Coppa

Preparazione: 60 minuti
Tempo di cottura: nessuna
Porzioni: 4/6
Ingredienti:

- 5 cucchiai di marrons glacés (confezionati)
- ½ l di panna
- 1 bicchierino di maraschino
- 60 g di cioccolato fondente
- 60 g di canditi d'arancia
- 60 g di zucchero vanigliato
- qualche biscotto (tipo le lingue di gatto)

Indicazioni:

1. Mettete in una scodella i marrons glacés a pezzettini, schiacciateli con un forchette e unite il maraschino, lasciateli a bagno per 15 minuti circa.
2. Con lo sbattitore elettrico montate la panna, versate lo zucchero vanigliato, i canditi d'arancia, il cioccolato a scaglie, e alla fine i marrons glacés. Mescolate bene tutto assieme, suddividete il composto ottenuto in coppe, fate raffreddare, guarnite sopra con un biscotto.

231. Bavarese alla Frutta

Preparazione: 1h e 30 minuti
Tempo di cottura: nessuna
Porzioni: 6
Ingredienti:

- 350 g di panna fresca da montare
- 250 g di polpa di frutta fresca (a piacere)
- 125 g di zucchero a velo
- il succo di ½ limone
- 4 fogli di colla di pesce

Indicazioni:

1. Ammorbidite in acqua fredda la colla di pesce, passate la polpa di frutta fresca con il passaverdure, mettete il ricavato in un recipiente, versate lo zucchero a velo, il succo di limone, mescolate bene fino a quando lo zucchero si sarà sciolto.
2. Prendete la colla di pesce mettetela in un pentolino con 2 cucchiai d'acqua e fatela sciogliere, fatela intiepidire e versatela nel recipiente con la polpa di frutta passata, fatela raffreddare per circa 30 minuti senza metterla in frigo.

3. Montate la panna, aggiungetela al composto raffreddato, mescolando dall'alto verso il basso, versate il tutto in uno stampo da budino (bagnate lo stampo con acqua prima di versare il composto).
4. Ponete in freezer per circa 60 minuti prima di capovolgerla in un piatto da portata, servite fresca.

232. Tortellini Dolci con Ricotta e Uvetta
Preparazione: 1h e 30 minuti
Tempo di cottura: 25 minuti
Porzioni: 4/6
Ingredienti:
- 350 g di ricotta
- 3 uova
- 4 cucchiai di zucchero
- 180 g di farina
- la scorza grattugiata di 1 arancia
- un pizzico di bicarbonato di sodio
- 60 g di uvetta
- 1 cucchiaio di Grand Marnier (liquore)
- zucchero a velo q.b.
- un pizzico di sale
- olio per friggere q.b.

Indicazioni:
1. Prendete una terrina, versate la ricotta, le uova, lo zucchero, un pizzico di sale, la scorza d'arancio grattugiata, il liquore, l'uvetta strizzata, (fatta ammorbidire nell'acqua tiepida) la farina, mescolate il tutto e fate riposare l'impasto ottenuto per circa 60 minuti.
2. Mettete sul fuoco una padella con abbondante olio per friggere, fatelo scaldare bene, appena pronto gettate con un cucchiaio l'impasto, fate cuocere (devono diventare dorati e gonfi).
3. Con un colino estraete i tortellini, metteteli sopra a un foglio di carta assorbente, spolverizzate con zucchero a velo, servite caldi.

233. Coppe di Mela e Yogurt
Preparazione: 35 minuti
Tempo di cottura: 20 minuti
Porzioni: 4
Ingredienti:
- 4 mele
- 50 g di zucchero

- 200 g di yogurt (alla fragola o banana)
- un pizzico di cannella

Indicazioni:
1. Sbucciate le mele, togliete il torsolo, dividetele in 4 parti, adagiatele sulla piastra del forno, (ricoperta da carta stagnola) mischiate zucchero e cannella, spolverizzate le mele.
2. Scaldate il forno e fatele cuocere a 180 ° C per 15/20 minuti, controllate che non si disfino altrimenti sfornatele prima.
3. Sistematele in coppette da gelato, appena si saranno raffreddate versate sopra lo yogurt e servite.

234. Coppette di Savoiardi Affogati

Preparazione: 45 minuti
Tempo di cottura: 15 minuti
Porzioni: 4
Ingredienti:

- 80 g di panna da montare
- 80 g di zucchero
- 40 g di brandy
- 40 g di liquore all'amaretto
- 10 savoiardi
- 50 g di farina
- 3 uova
- ½ l di latte
- 1 limone
- ½ bustina di vaniglina
- mandorle e nocciole tritate q. b.
- un pizzico di sale

Indicazioni:
1. Prendete delle coppette, tagliate i savoiardi e posateli sul fondo (2 per ogni coppa), ora in una scodella mescolate il brandy, l'amaretto, mescolateli assieme, spruzzateli sopra ai savoiardi.
2. Preparate la crema con le 2 uova intere più 1 tuorlo, lo zucchero, la farina, la scorza del limone grattugiata, la vaniglina, un pizzico di sale, il latte, fate bollire tutti gli ingredienti assieme mescolando, poi versatelo nelle coppette dove ci sono i savoiardi e fatelo raffreddare.
3. Montate la panna e mettetene un po' sopra alle coppette, versate un po' di noci, mandorle tritate, nel centro ancora un ciuffetto di panna, servite fresco.

235. Biscotti Anicini

Preparazione: 60 minuti
Tempo di cottura: 45 minuti
Porzioni: 6/8
Ingredienti:
- 400 g di zucchero
- 400 g di farina
- 2 cucchiai di sambuca
- 2 cucchiai di semi di anice
- 8 uova
- 1 bustina di lievito per dolci

Indicazioni:
1. Prendete una terrina e montate le uova, dopo averle montate aggiungete la sambuca, lo zucchero, fate gonfiare il composto, incorporate piano il lievito, la farina, i semi di anice, mescolate assieme.
2. Con il composto ottenuto formate tipo dei panini lunghi tanto quanto la teglia, adagiateli distanziati tra loro su una teglia da forno, (rivestita da carta forno) fate cuocere in forno preriscaldato per 20 minuti a 180 °C.
3. Quando la cottura è completata togliete la teglia dal forno con i panetti, fateli raffreddare un po', tagliateli a fette un po' spesse, posizionateli nuovamente sulla teglia rivestita da carta forno, metteteli in forno a 150 °C, avendo cura di girare i biscotti a metà cottura in modo che si asciughino e che si dorino da entrambe le parti, (circa 10/15 minuti).

236. Crema all'Arancia

Preparazione: 60 minuti
Tempo di cottura: 30 minuti
Porzioni: 4/6
Ingredienti:
- ½ l di latte
- 200 g di panna fresca da montare
- 150 g di zucchero
- 1 cucchiaino pieno di fecola di patate
- un pizzico di sale
- 4 tuorli d'uovo
- buccia d'arancia
- marmellata d'arancia (facoltativa)

Indicazioni:
1. Fate bollire il latte con 50 g di zucchero, intanto mettete in una terrina lo zucchero rimanente, i tuorli li sbattete fino a quando diventano ben gonfi, ora aggiungete la buccia d'arancia grattugiata, la fecola, un pizzico di sale, versate il latte bollente mescolando con una frusta, riversate il tutto nel pentolino dove avete fatto bollire il latte, fate cuocere a fuoco basso sempre mescolando fino ad ebollizione, (deve diventare una crema).
2. A cottura completata togliete dal fuoco, fatela raffreddare, montate la panna, versatela assieme alla crema mescolando dall'alto verso il basso, versate la crema direttamente in una scodella grande, oppure preparate delle coppette.
3. Mettete in frigo e fate raffreddare, potete aggiungere al momento di servirla un cucchiaino di marmellata all'arancia nel centro della coppa.

237. Cheesecake ai Frutti di Bosco

Preparazione: 60 minuti
Tempo di cottura: nessuno
Porzioni: 6/8
Ingredienti:
- 250 g di philadelphia
- 250 g di mascarpone
- 250 g di panna da montare
- 24 g fogli di gelatina
- 1 baccello di vaniglia
- 300 g di frutti di bosco
- 100 g di zucchero a velo
- 350 g di biscotti secchi
- 130 g di burro

Indicazioni:
1. Sciogliete il burro, tritate i biscotti finemente, versateli in una ciotola e amalgamate bene, mettete il composto in una tortiera con cerniera, fate raffreddare in frigo per circa 15 minuti.
2. Mettete i fogli di gelatina a bagno in acqua fredda, nel frattempo in una ciotola versate il mascarpone, il philadelphia, lo zucchero a velo, vaniglia, mescolate bene il tutto, montate la panna, (prendetene 125g) scioglieteci la gelatina, mettete assieme la panna montata, la crema

preparata con mascarpone, la gelatina sciolta, amalgamate bene il tutto, versatelo sulla base di biscotto che avete fatto raffreddare.
3. Livellata per bene, mettete sopra i frutti di bosco, e conservatela in frigo a raffreddare, quando è ben raffreddata trasferitela in un piatto da portata.

238. Torta Paradiso
Preparazione: 60 minuti
Tempo di cottura: 45 minuti
Porzioni: 6/8
Ingredienti:

- 100 g di farina
- 200 g di burro a temperatura ambiente
- 200 g di zucchero a velo
- 100 g di fecola di patate
- 2 uova intere
- 2 tuorli
- 1 limone (buccia grattugiata)
- zucchero a velo
- burro e fecola (per la tortiera)

Indicazioni:
1. Prendete una terrina e lavorate il burro con un cucchiaio di legno per renderlo soffice e cremoso, aggiungete poco alla volta lo zucchero mescolando con forza, poi le uova intere, i tuorli, e infine le due farine con la buccia grattugiata del limone, deve diventare un composto morbido e privo di grumi.
2. Versate il composto ottenuto in una tortiera, (imburrata e infarinata) mettete in forno a 180 °C per circa 45 minuti, sfornate, fate intiepidire, spostatela in un piatto da portata e spolverizzate con zucchero a velo.

239. Budino al Cioccolato
Preparazione: 60 minuti
Tempo di cottura: 10 minuti
Porzioni: 4/6
Ingredienti:

- 100 g di maizena
- 100 g di zucchero
- 100 g di panna fresca da montare
- 30 g di cioccolato fondente
- 30 g di cacao amaro
- 30 g di burro
- ½ l di latte

- 2 tuorli d'uovo
- un pizzico di sale

Indicazioni:
1. Grattugiate molto fine il cioccolato, mettetelo in una casseruola con il cacao, la maizena, lo zucchero, il burro, un pizzico di sale, mescolate il tutto con un cucchiaio di legno, aggiungete i tuorli, e poco alla volta il latte freddo, la panna, (non devono formarsi grumi).
2. Mettete la casseruola sul fuoco, sempre mescolando fate bollire il latte, quado raggiunge un po' di densità, (occorrono pochi minuti) versate il composto in uno stampo da budino, fatelo raffreddare in frigo, quando si sarà ben raffreddato capovolgetelo in un piatto e servite.

240. Salame di Cioccolato

Preparazione: 30 minuti
Tempo di cottura: nessuna
Porzioni: 6/8
Ingredienti:

- 2 uova
- 300 g di biscotti secchi
- 100 g di burro
- 100 g di cioccolato in polvere (zuccherato)
- 100 g di zucchero
- 50 g di noci

Indicazioni:
1. Sbattete bene le uova aggiungete il burro sciolto a bagnomaria, lo zucchero, le noci tagliate a pezzi, i biscotti schiacciati, poi la polvere di cioccolata, mescolate tutto assieme.
2. Deve diventare un composto malleabile, mettetelo su un foglio di carta forno, dandogli la forma di un salame.
3. Fatelo indurire in frigo, diventa bello sodo tagliatelo a fette e servite.

Conclusione

Grazie per essere arrivati alla fine di questo libro di cucina italiana. Per aumentare la bontà di ogni pasto, si usano le ricette tradizionali più gustose, tecniche di cottura semplici e ingredienti stagionali e freschi. Ci sono molti benefici per la salute nelle ricette italiane proprio perché sono preparati con ingredienti freschi.

Anche se la cucina italiana era diventata complessa e diversificata alla fine dell'epoca romana, alle sue origini aveva mostrato dei caratteri di semplicità. L'Italia, però, non era la nazione unita a forma di stivale che conosciamo attualmente; era un miscuglio di regioni, di tradizioni e piatti diversi. Per esempio, i siciliani avevano la reputazione di produrre il miglior formaggio. Vari prodotti venivano realizzati in altre parti dell'Impero, come la Gallia (l'odierna Francia) e la Grecia, e poi spediti a Roma. La cucina siciliana mantenne un'ottima reputazione anche dopo il crollo dell'Impero Romano.

In diversi momenti della sua storia, l'Italia conobbe l'arrivo di stranieri, quali immigrati tedeschi e austriaci, che portarono le loro influenze nella cucina della loro nuova nazione. La cucina italiana è oggi conosciuta per l'elevato uso di pomodoro. Le città di Roma, Firenze, Ferrara e Venezia, parti integranti dello sviluppo della cucina raffinata in Italia, hanno ispirato il primo periodo della cucina italiana moderna. Nella nuova era, la cucina italiana si diversificò significativamente, e durante i secoli XVIII e XIX quella che oggi è conosciuta come Italia era governata da Spagna, Francia e Austria. I libri di cucina italiana iniziarono a spiegare l'autentico regionalismo del cibo italiano alla fine del XVIII secolo, nel tentativo dei cuochi italiani di mostrare l'orgoglio delle loro zone di origine piuttosto che l'alta cucina di Spagna, Francia e Austria. La cucina aumentò in importanza e qualità con il passare degli anni.

Per tutto il XVIII secolo le famiglie basarono la propria dieta principalmente sul consumo di grano duro. Per vivere, molti contadini dovevano mangiare cibo avariato e pane inzuppato. A seconda delle zone, ci sono molte spiegazioni del perché il cibo in Italia varia così tanto. Mentre puoi trovare ovunque pizza e piatti di pasta popolari, troverai che le preparazioni differiscono enormemente se ti avventuri un po' fuori dai sentieri segnati. L'Italia, specialmente nelle regioni dell'Alto Adige e delle Dolomiti, non era affatto italiana.

La bella Italia accoglie i turisti interessati a scoprire la sua natura straordinaria, la sua storia affascinante e i suoi piaceri gastronomici. Questo bel paese Mediterraneo, con la sua ricca gastronomia, offre innumerevoli cibi popolari e tipici. Se sei in Italia, una moltitudine di famose prelibatezze e ricette internazionali, dolci e saporite, attendono la tua esplorazione durante i tuoi viaggi. Questi piatti tradizionali italiani sono fortemente radicati nella storia del Paese, e le ricette sono spesso tramandate tra le famiglie e apprezzate per le loro radici veraci. Ecco alcuni dettagli interessanti sulla cucina italiana.

Gli italiani non mangiano pasta con le polpette. Ogni anno, l'italiano medio consuma più di 23 kg di pasta; un cittadino comune in Nord America ne consuma circa 7 kg all'anno. In tutto il mondo sono presenti più di 600 formati di pasta. Di solito sul tavolo della cena delle famiglie italiane c'è acqua, vino e pane. La pasta è consumata dalla maggior parte degli italiani almeno una volta al giorno. In Italia, il pasto principale della giornata è il pranzo. A livello di produzione di vino, l'Italia è al secondo posto a livello mondiale, dietro la Francia, e davanti a Stati Uniti e Spagna.

Sono molte le ricette italiane famose e ampiamente consumate in tutto il mondo. Provate queste ricette e godetevi i veri sapori italiani.

Buona cucina!!!

Recensisci questo libro

Recensioni clienti
⭐⭐⭐⭐⭐ 4,8 su 5

28 valutazioni globali

5 stelle	▅▅▅▅▅▅▅▅▅	84%
4 stelle	▅▅	16%
3 stelle		0%
2 stelle		0%
1 stella		0%

⌄ Come vengono calcolate le valutazioni?

Recensisci questo prodotto

Condividi i tuoi pensieri con altri clienti

[Scrivi una recensione cliente]

Grazie per aver letto fin qui! Ti sarei estremamente grato se dedicassi 1 minuto del tuo tempo per lasciare una recensione su Amazon riguardo il mio lavoro.

Printed in Great Britain
by Amazon